서울음악출판사

차례

바람계곡의 나우시카(오프닝) <바람계곡의 나우시카> OST　4

바람계곡의 나우시카 <바람계곡의 나우시카> OST　6

숯검댕이 <이웃집 토토로> OST　8

이웃집 토토로 <이웃집 토토로> OST　10

산책 <이웃집 토토로> OST　12

엄마 <이웃집 토토로> OST　14

바람이 지나가는 길 <이웃집 토토로> OST　16

작은 사진 <이웃집 토토로> OST　18

너를 태우고 <천공의 성 라퓨타> OST　20

비둘기와 소년 <천공의 성 라퓨타> OST　22

바다가 보이는 마을 <마녀배달부 키키> OST　24

하늘을 나는 배달부 <마녀배달부 키키> OST　26

일 시작 <마녀배달부 키키> OST　28

루즈의 전언 <마녀배달부 키키> OST　30

새가 된 나 <마녀배달부 키키> OST　32

여행 <마녀배달부 키키> OST　34

상냥함에 감싸인다면 <마녀배달부 키키> OST　36

체리가 익어갈 무렵 <붉은 돼지> OST　38

돌아올 수 없는 날들 <붉은 돼지> OST　40

아드리아해의 푸른 하늘 <붉은 돼지> OST　42

언제나 누군가가 <폼포코 너구리 대작전> OST　44

천사의 방 <귀를 기울이면> OST　46

바론의 노래 <귀를 기울이면> OST　48

모노노케 히메 <모노노케 히메> OST　50

아시타카 셋키 엔딩 <모노노케 히메> OST　52

외톨이는 그만 두었어 <이웃집 야마다군> OST　54

언제나 몇 번이라도 <센과 치히로의 행방불명> OST　56

그 날의 강 <센과 치히로의 행방불명> OST　58

치히로의 왈츠 <센과 치히로의 행방불명> OST　60

테루의 노래 <게드 전기> OST　62

세계의 약속 <하울의 움직이는 성> OST　64

인생의 회전목마 <하울의 움직이는 성> OST　66

바람이 되어 <고양이의 보은> OST　68

벼랑 위의 포뇨 <벼랑 위의 포뇨> OST　70

Arrietty's Song <마루 밑 아리에티> OST　72

안나 <추억의 마니> OST　74

Fine On The Outside <추억의 마니> OST　76

히사이시 조의
Summer <기쿠지로의 여름> OST　78

바람계곡의 나우시카 (오프닝)

<바람계곡의 나우시카> OST　히사이시 조 작곡

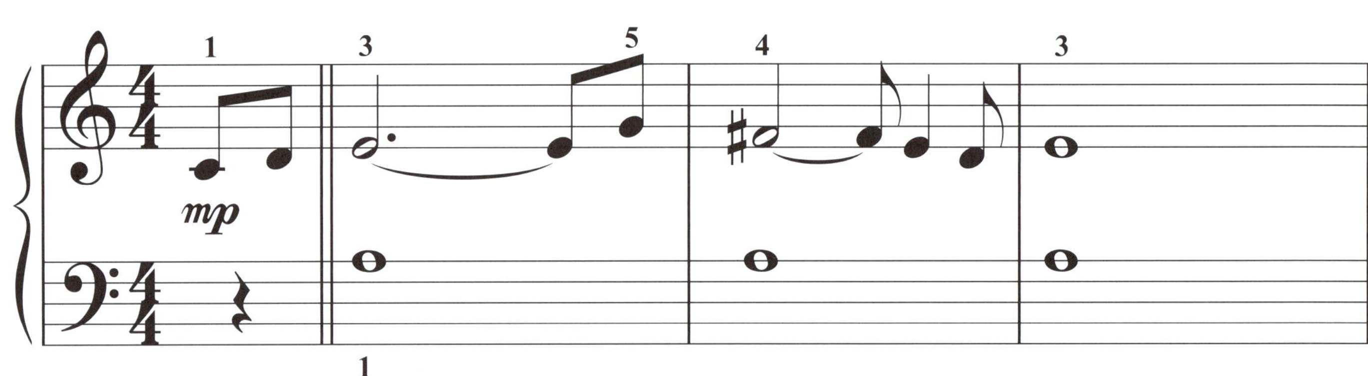

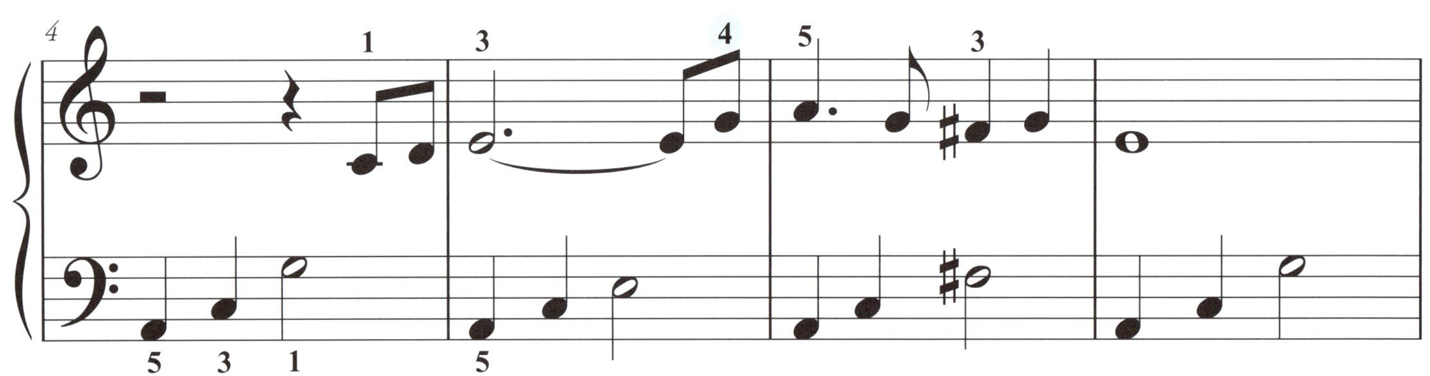

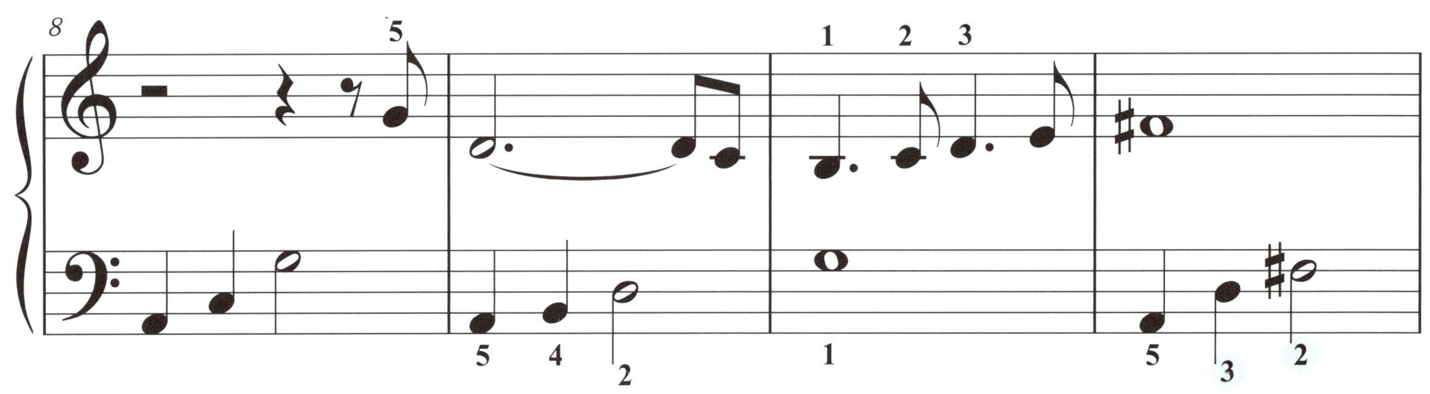

mf
poco rit.

바람계곡의 나우시카

<바람계곡의 나우시카> OST · 히사이시 조 작곡

♩ = 102 조금 빠르게

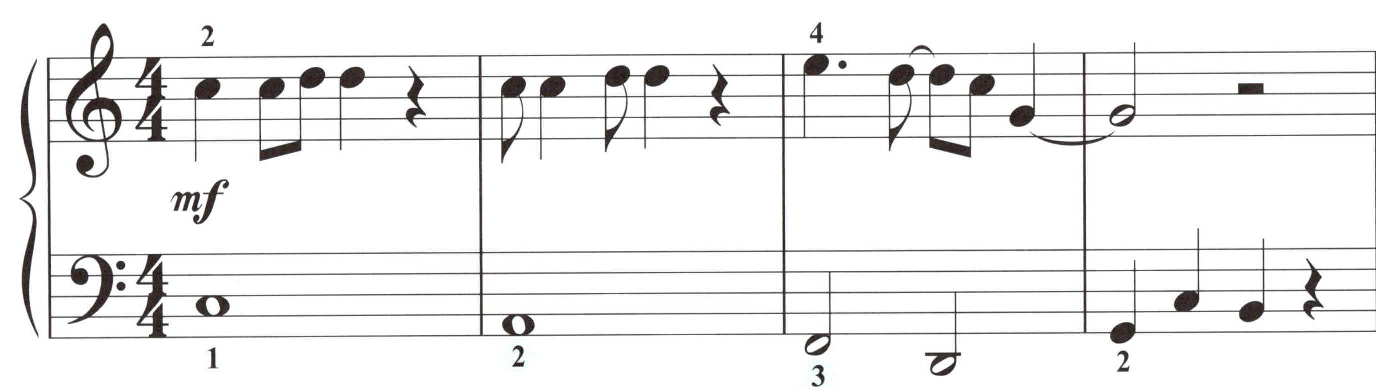

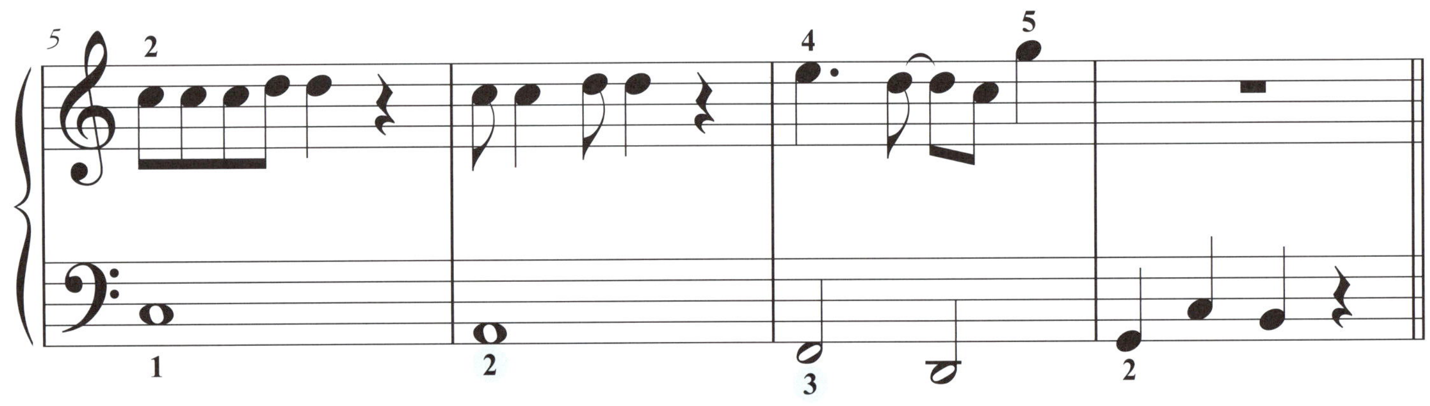

poco rit.
f
1.
2.
스튜디오 지브리 쉬운 소곡집
7

숲검댕이

<이웃집 토토로> OST ❀ 히사이시 조 작곡

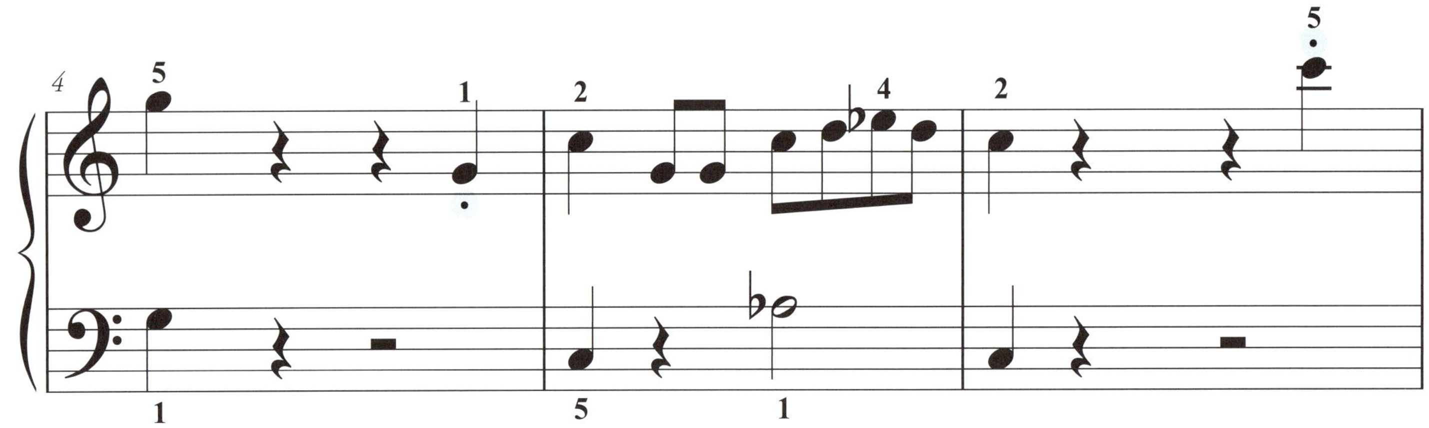

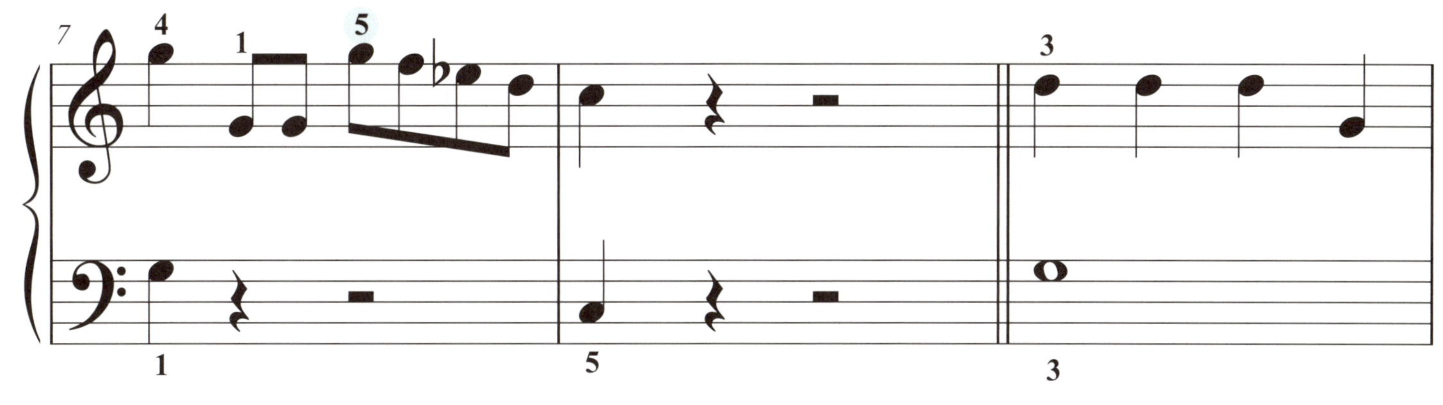
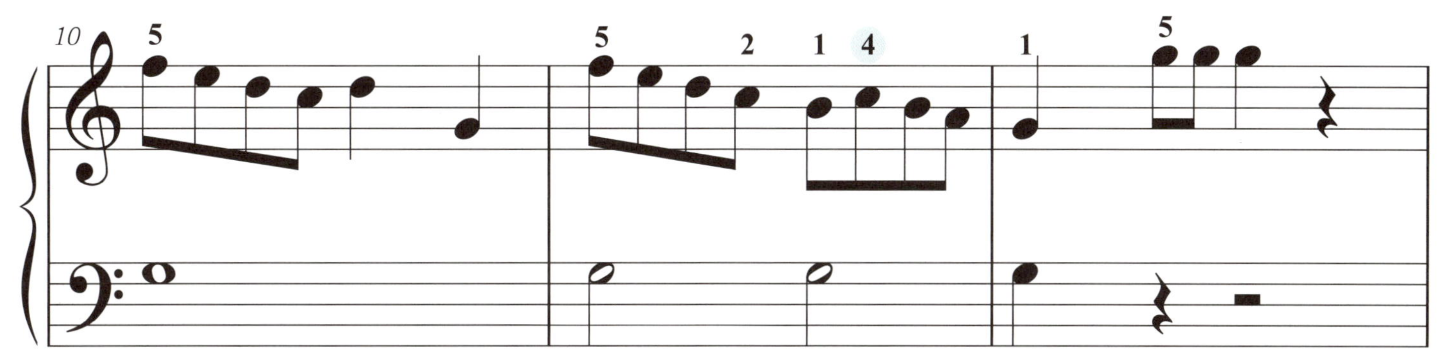

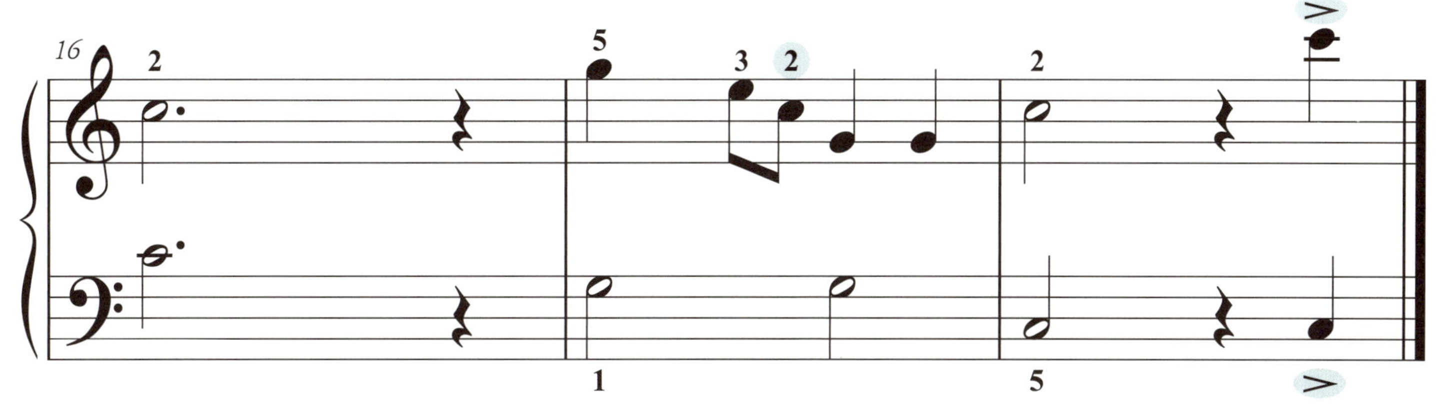

이웃집 토토로 <이웃집 토토로> OST

히사이시 조, 미야자키 하야오 작곡

산책

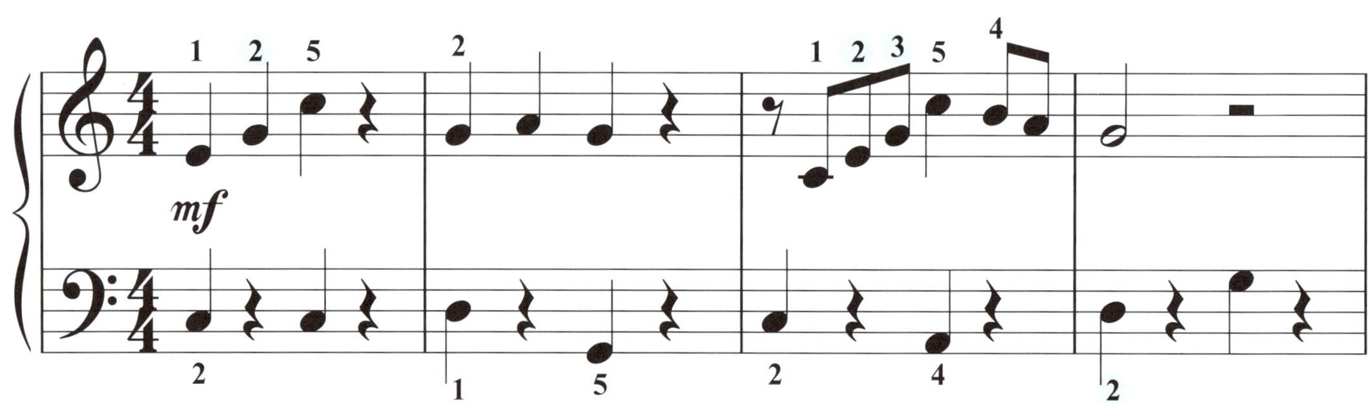

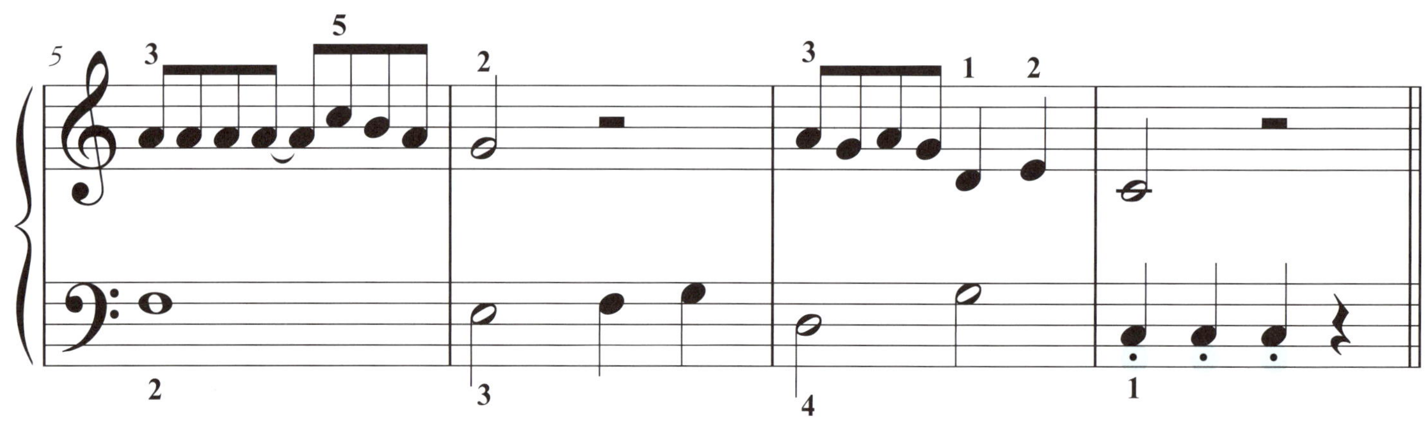

스튜디오 지브리 쉬운 소곡집

엄마

<이웃집 토토로> OST ❧ 히사이시 조, 나카가와 레이코 작곡

바람이 지나가는 길

<이웃집 토토로> OST · 히사이시 조 작곡

poco rit.
스튜디오 지브리 쉬운 소곡집 17

작은 사진

♩ = 94 보통 빠르기로

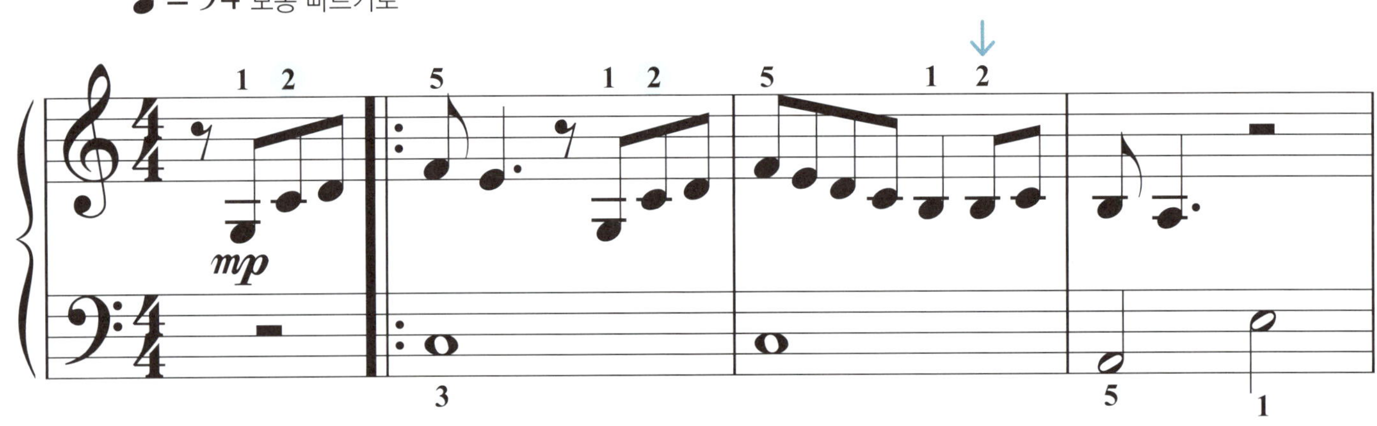

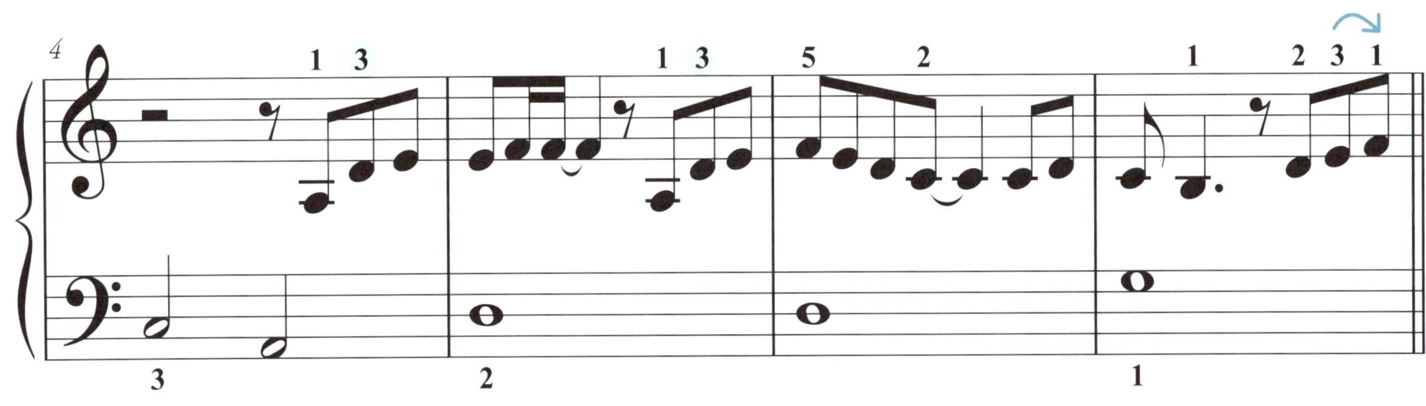

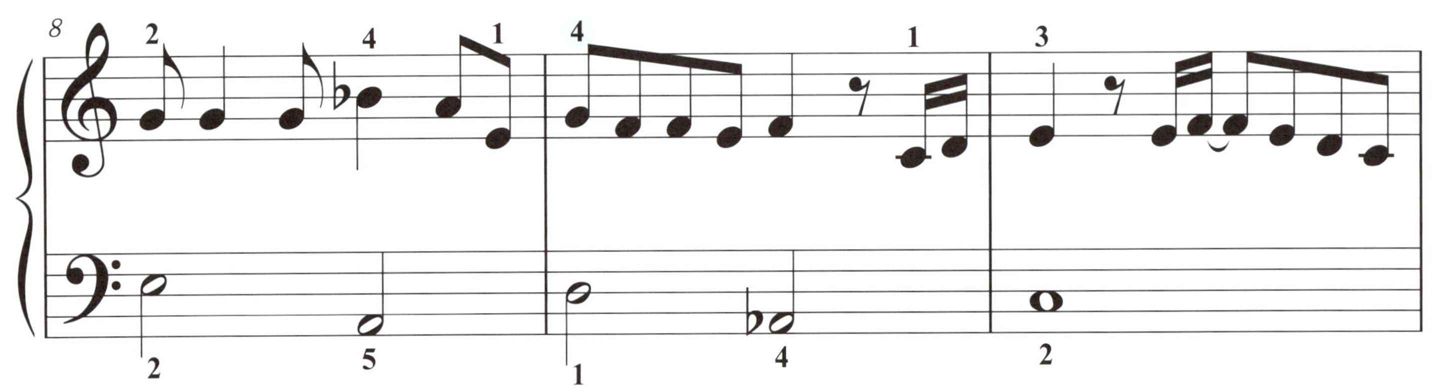

mf
rit.
1.
2.
mp

너를 태우고

cresc.

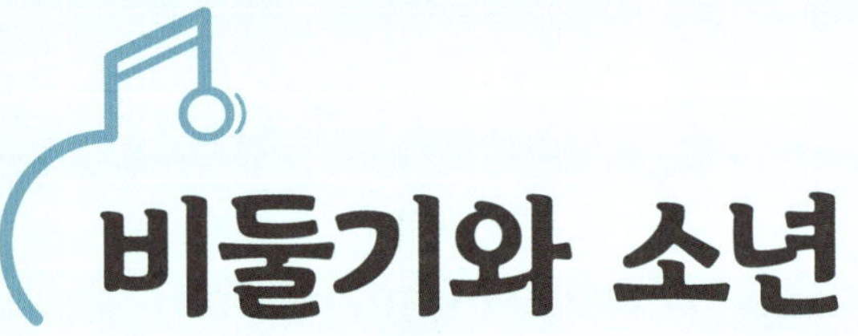

비둘기와 소년

<천공의 성 라퓨타> OST 🌱 히사이시 조 작곡

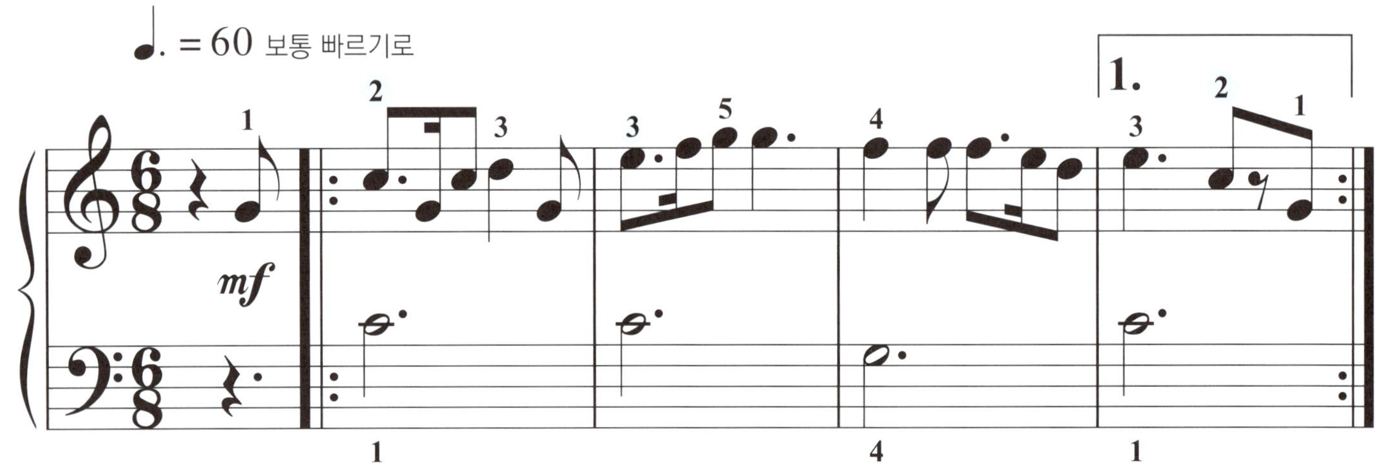

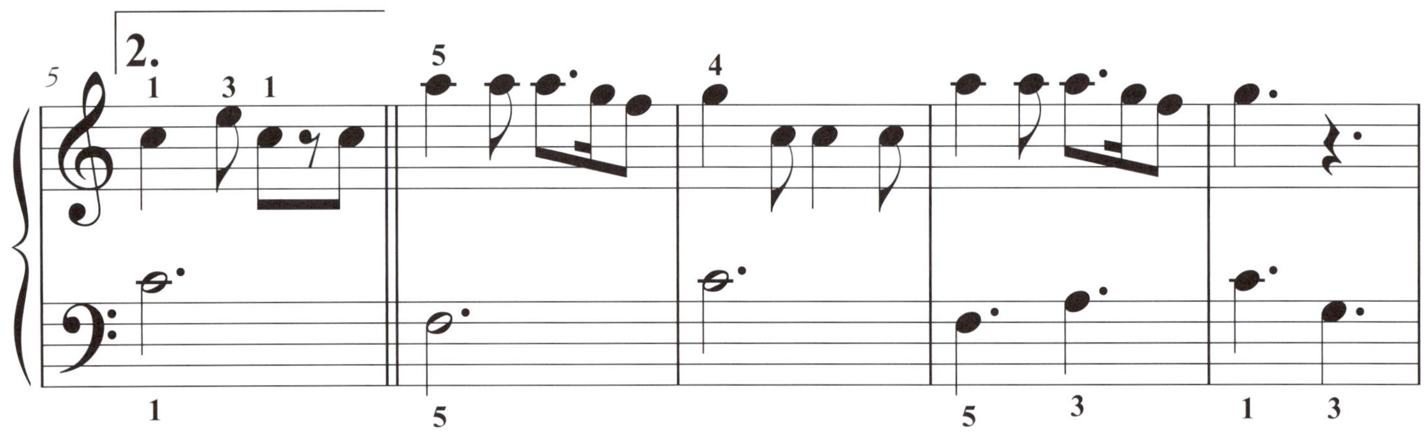

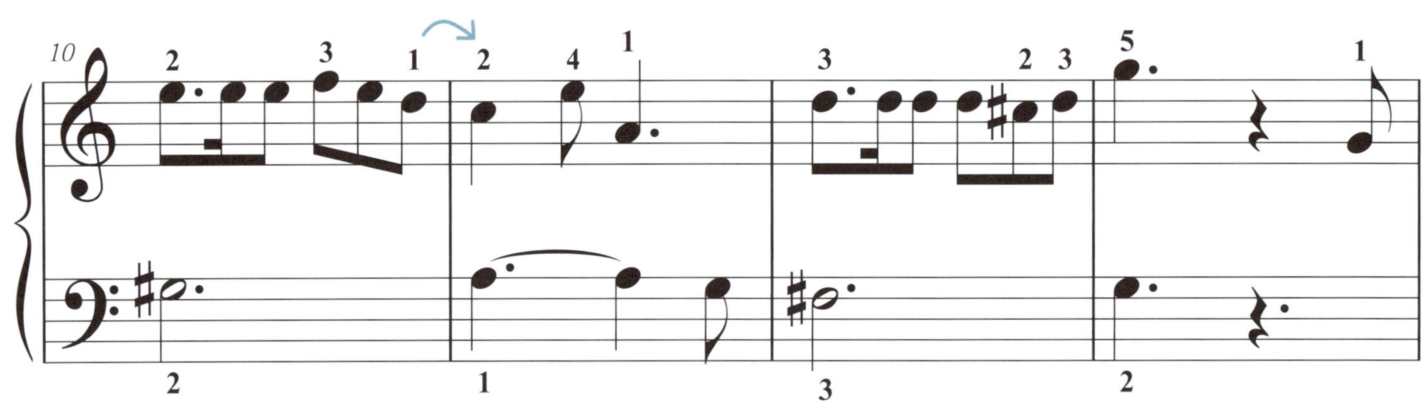

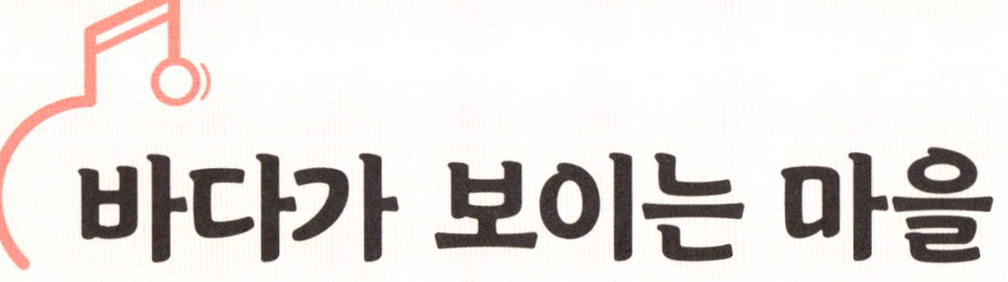

바다가 보이는 마을

<마녀배달부 키키> OST 히사이시 조 작곡

poco rit.

하늘을 나는 배달부

<마녀배달부 키키> OST 히사이시 조 작곡

스튜디오 지브리 쉬운 소곡집 27

일 시작

♩ = 174 빠르게

스튜디오 지브리 쉬운 소곡집
29

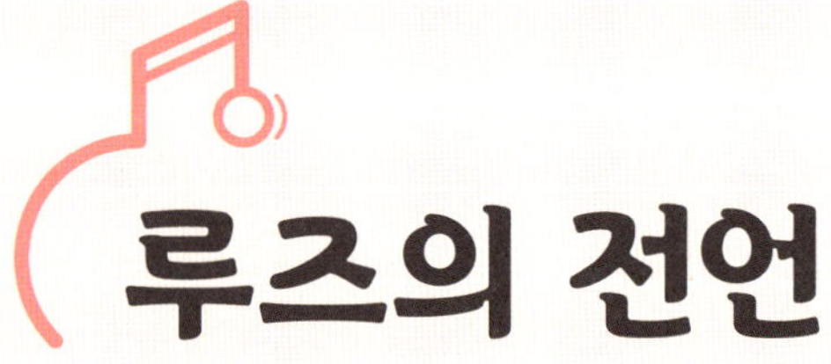

루즈의 전언

<마녀배달부 키키> OST · 아라이 유미 작곡

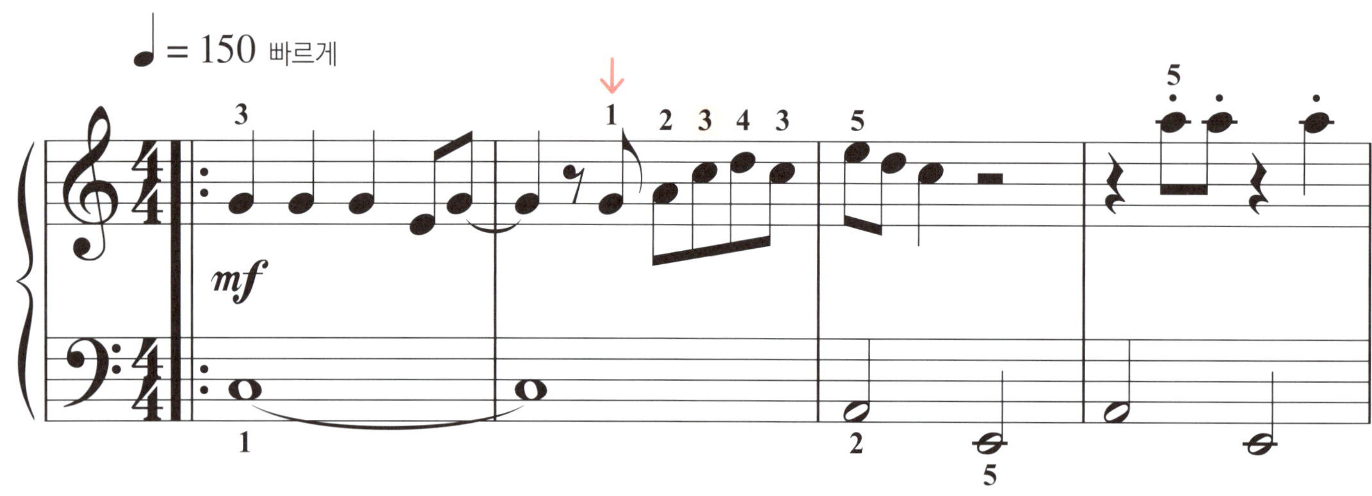

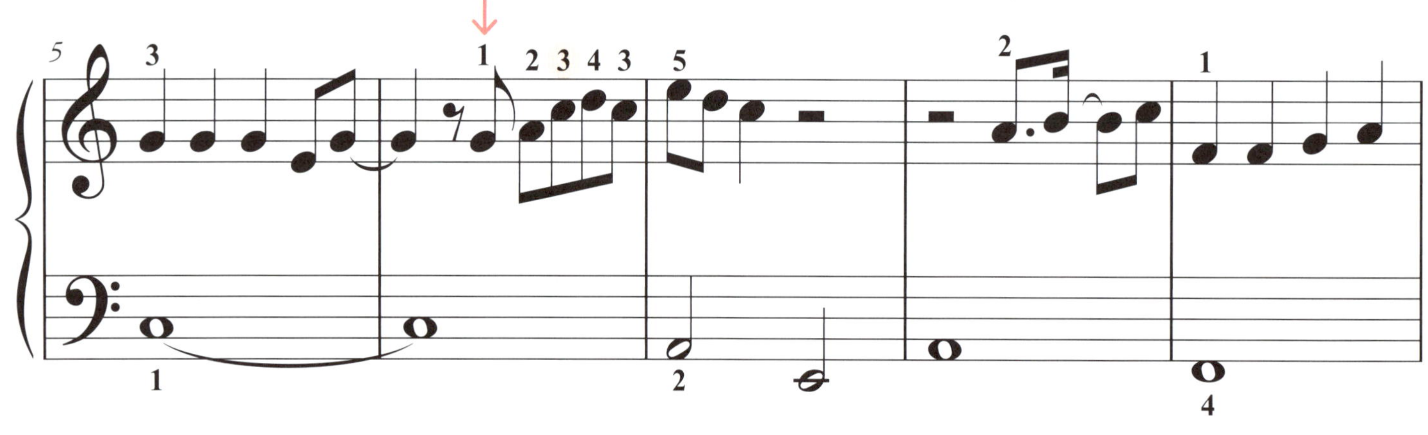

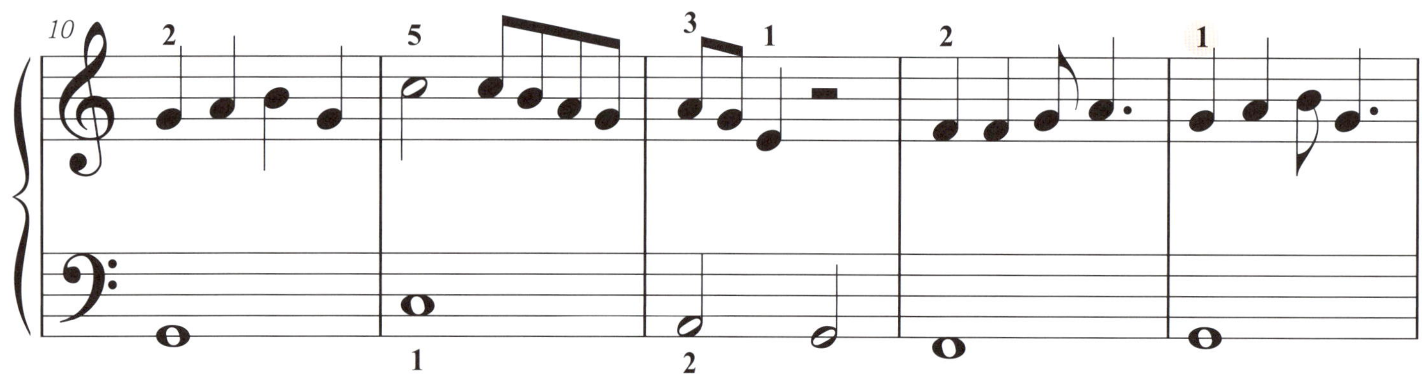

새가 된 나

<마녀배달부 키키> OST  히사이시 조 작곡

♩. = 70 보통 빠르기로

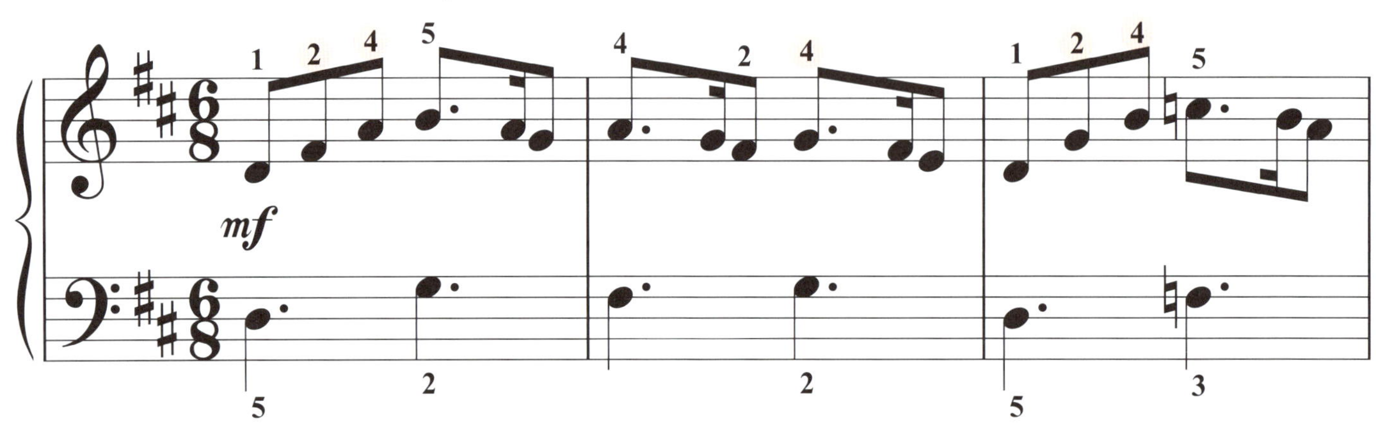

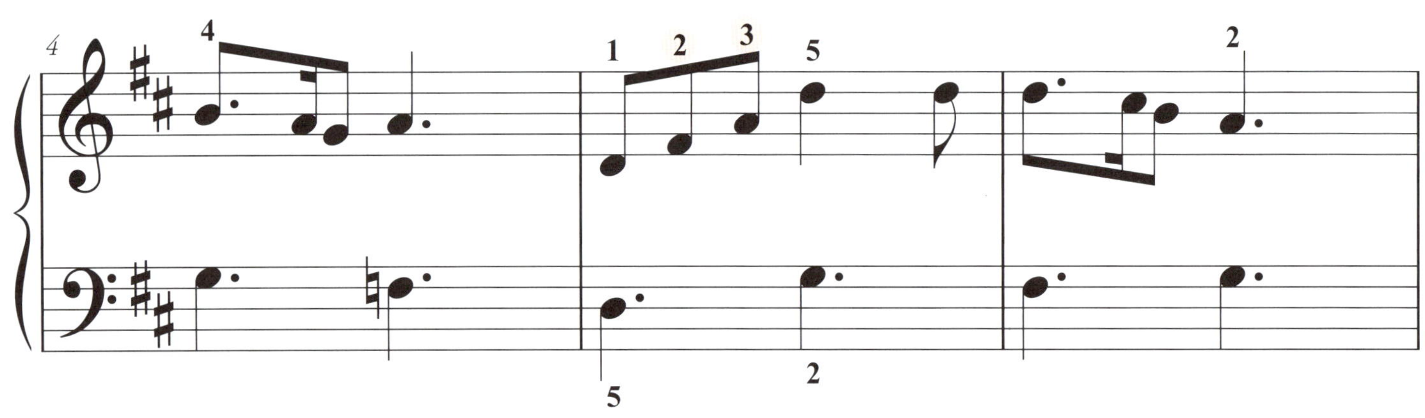

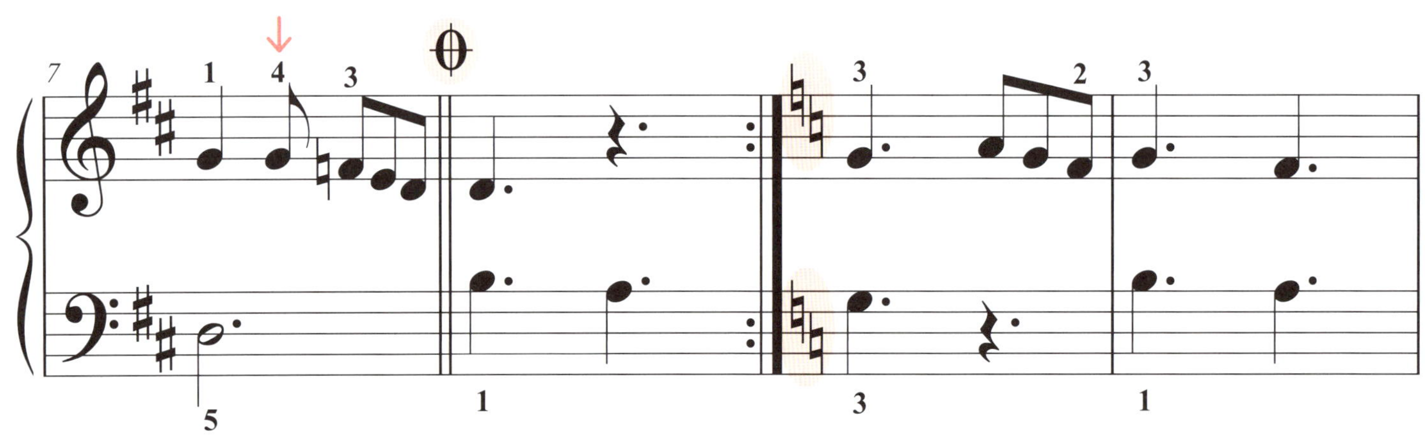

11
f
14
17
poco rit.
21
D.C.
22

여행

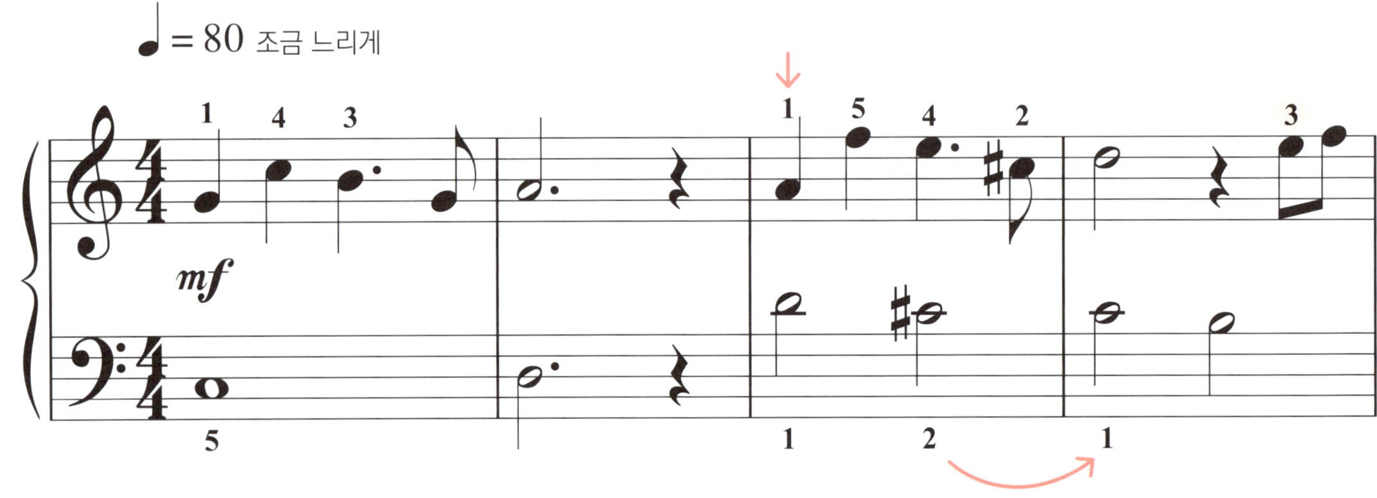

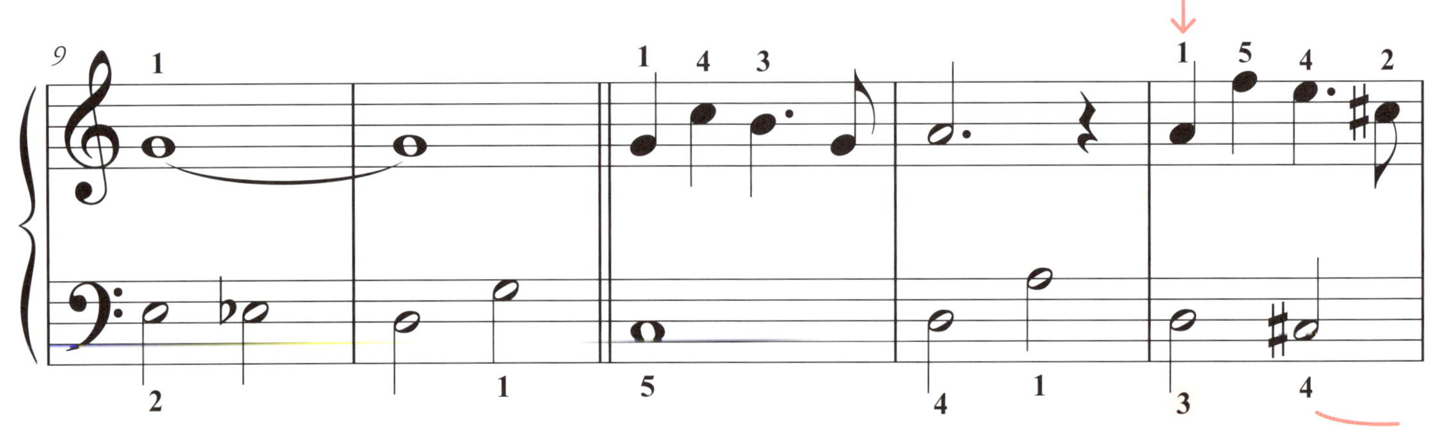

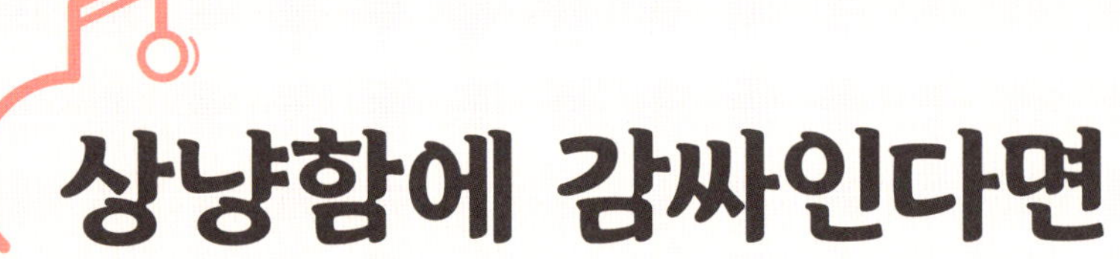

상냥함에 감싸인다면

<마녀배달부 키키> OST 아라이 유미 작곡

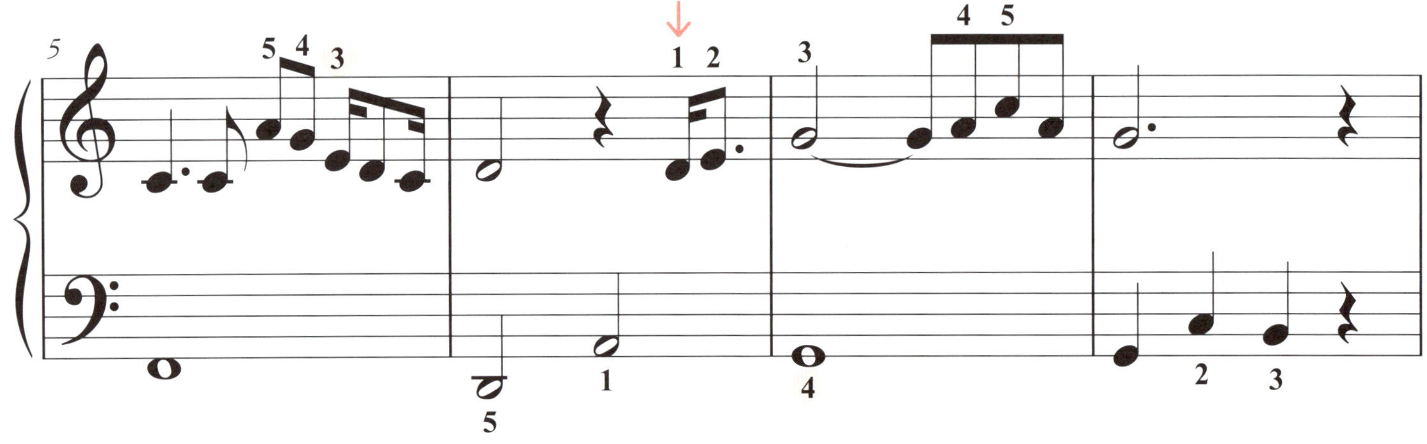

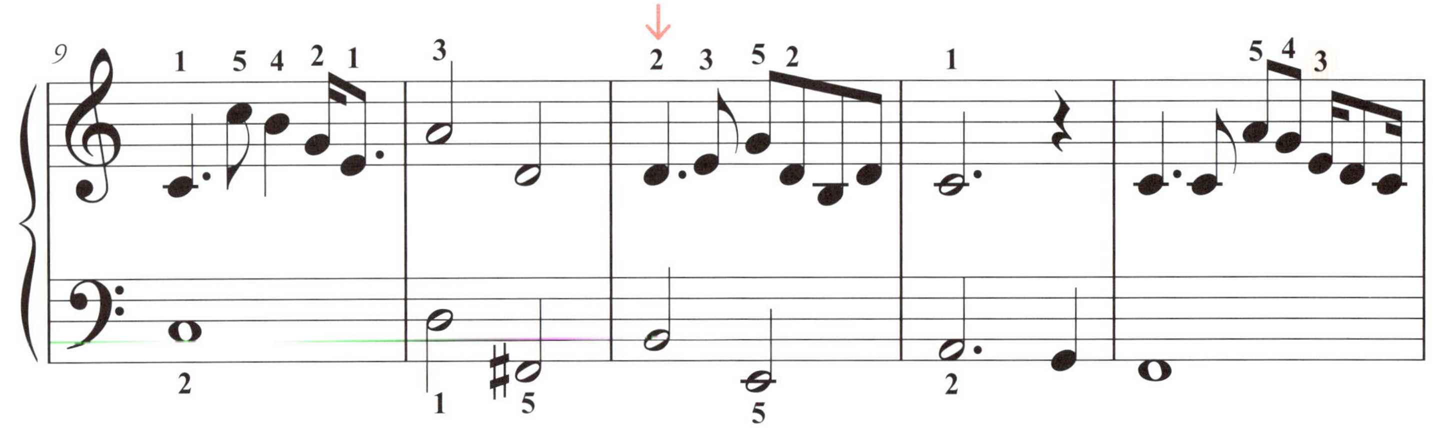

cresc.
1.
2.
poco rit.

체리가 익어갈 무렵 <붉은 돼지> OST

안토인 르나르 작곡

돌아올 수 없는 날들

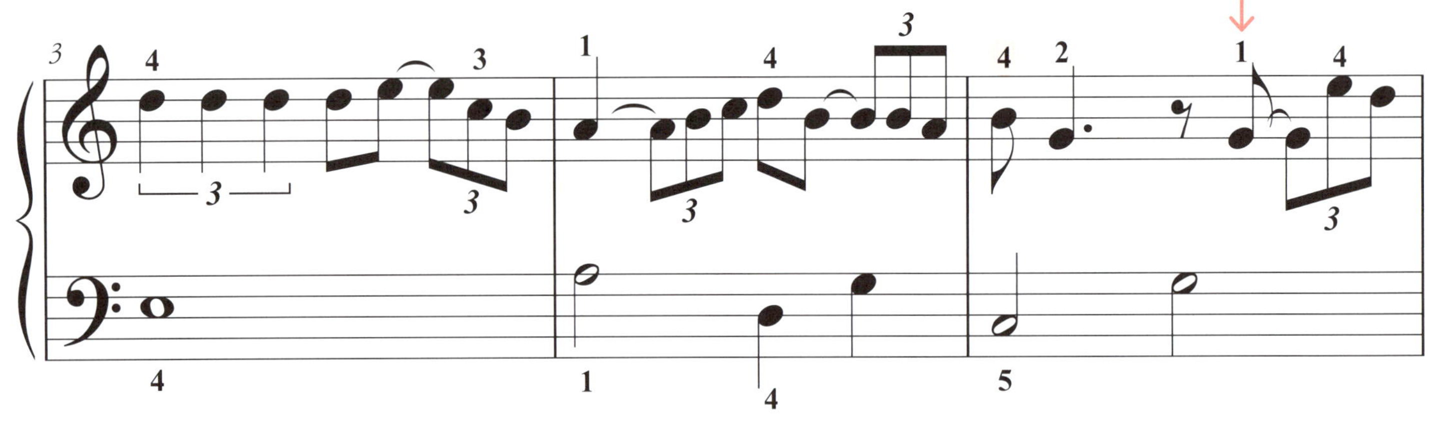

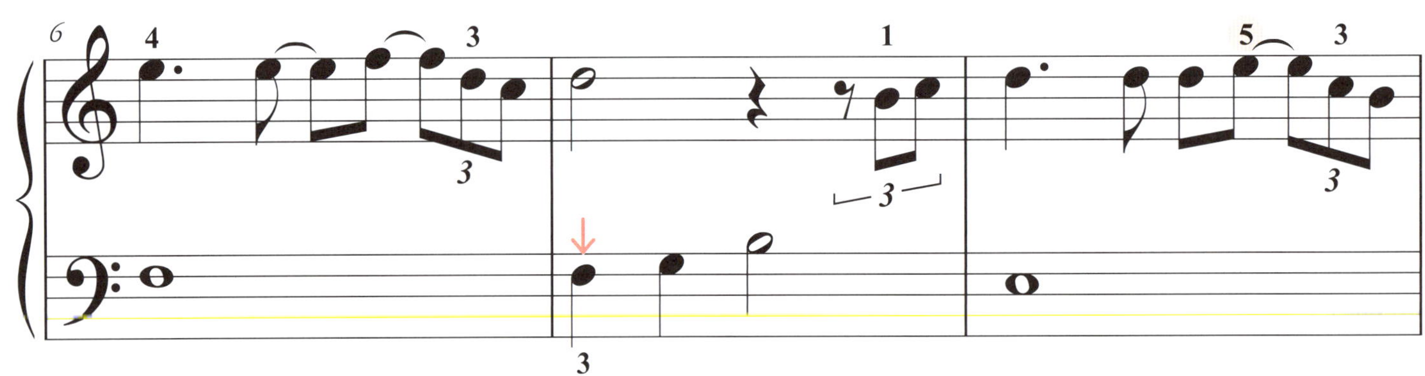

poco rit.
스튜디오 지브리 쉬운 소곡집
41

아드리아해의 푸른 하늘

<붉은 돼지> OST
히사이시 조 작곡

poco rit.

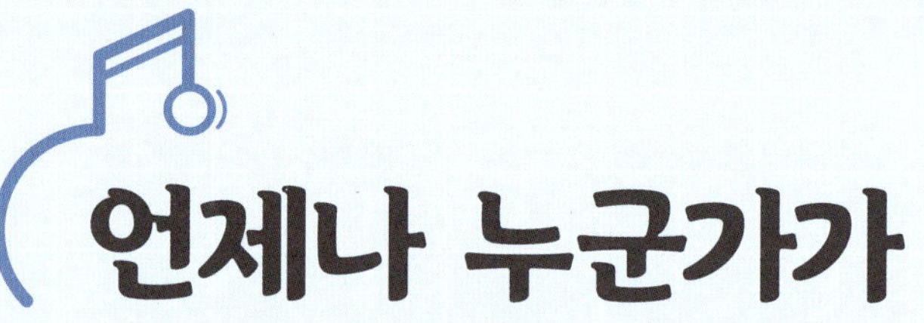

언제나 누군가가

<폼포코 너구리 대작전> OST · 코우류 작곡

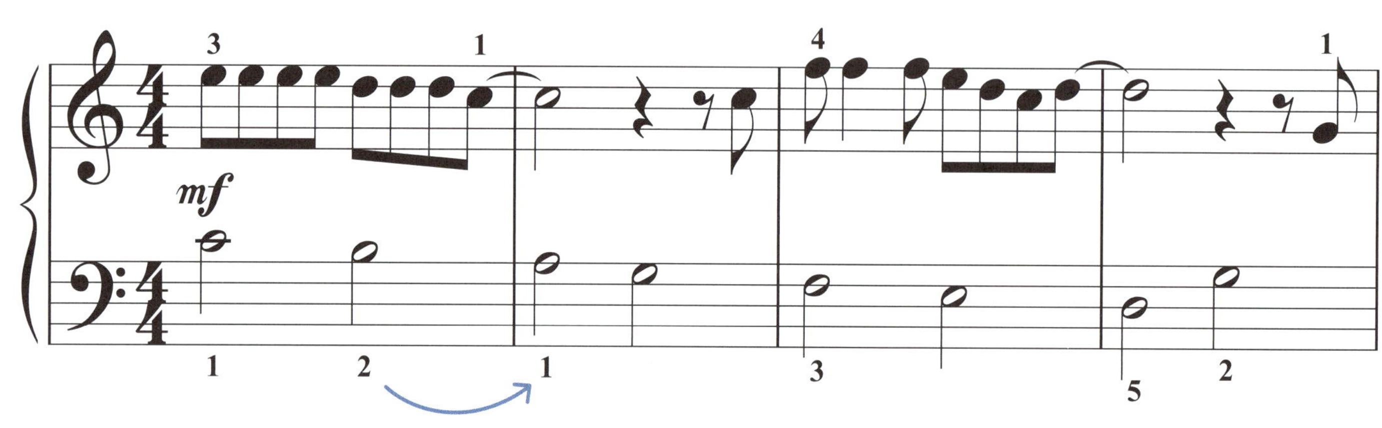

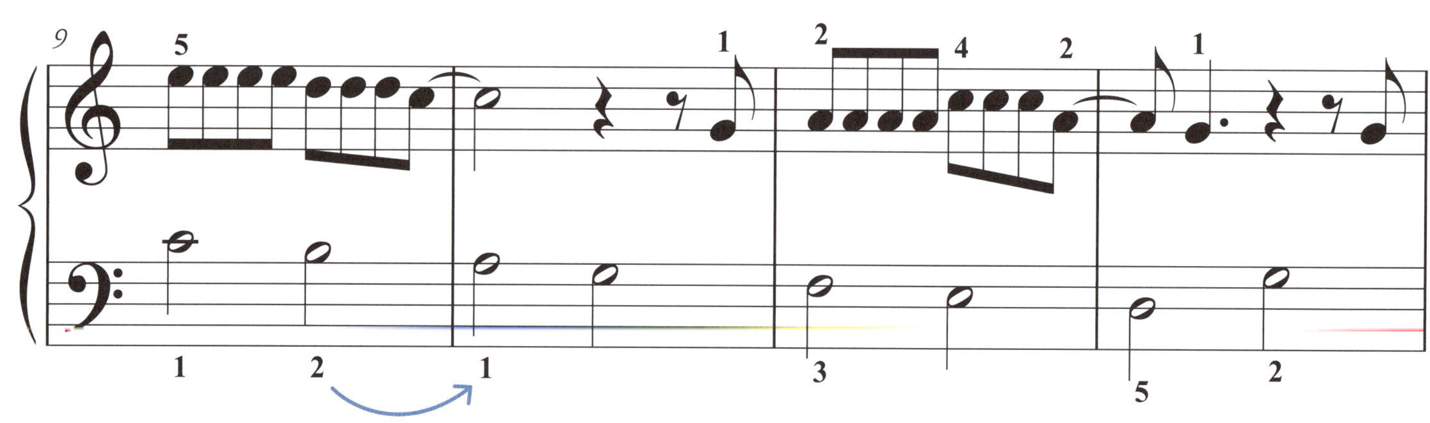

rit.
2.
스튜디오 지브리 쉬운 소곡집
45

천사의 방

<귀를 기울이면> OST 🌱 노미 요우지 작곡

♩ = 76 조금 느리게

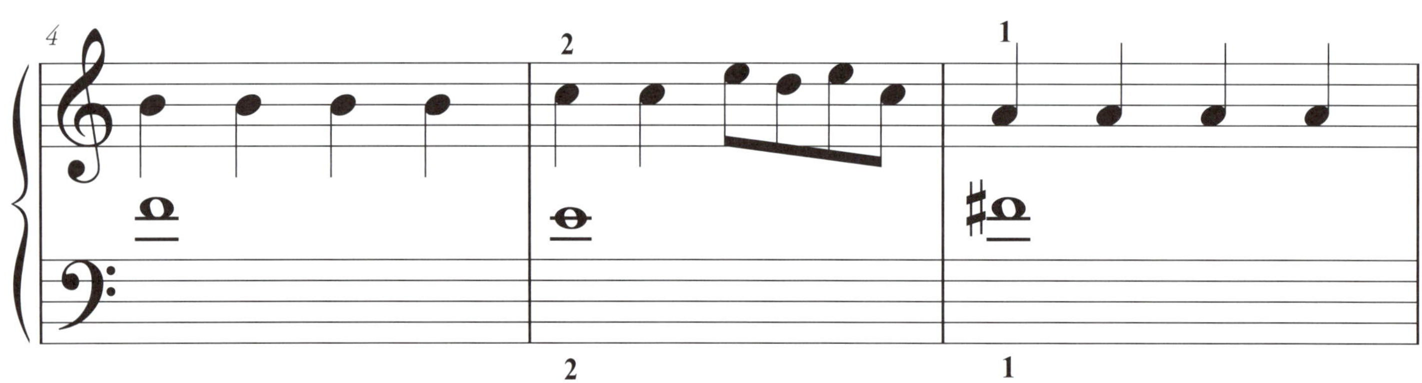

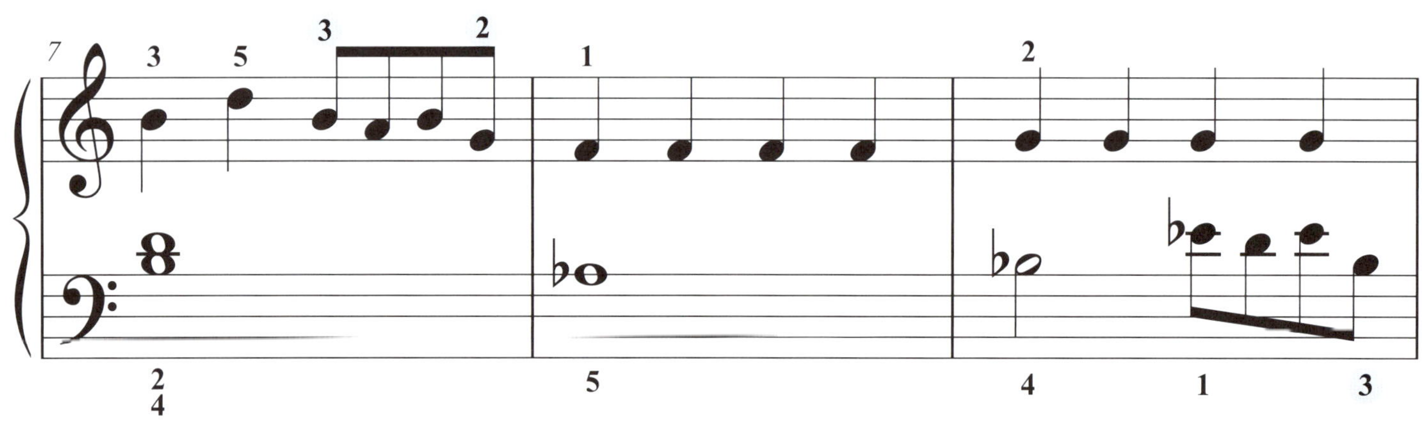

mf
rit.
1.
2.
스튜디오 지브리 쉬운 소곡집 47

바론의 노래

<귀를 기울이면> OST 🌵 노미 요우지 작곡

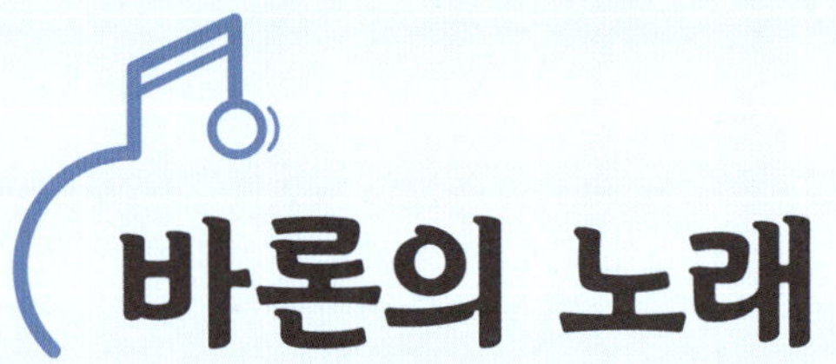

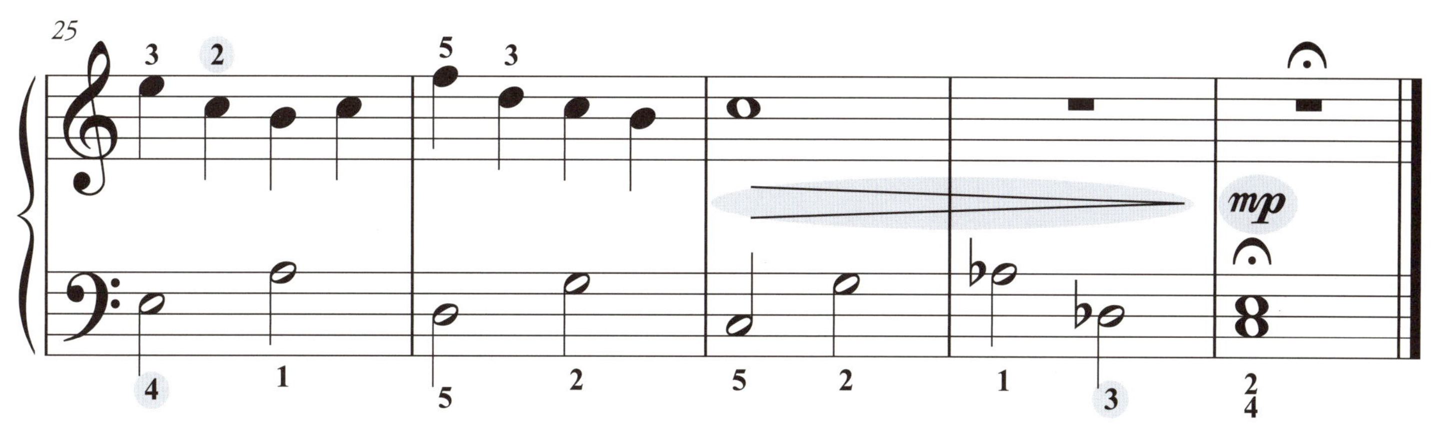

모노노케 히메

아시타카 셋키 엔딩

<모노노케 히메> OST 히사이시 조 작곡

52

외톨이는 그만 두었어

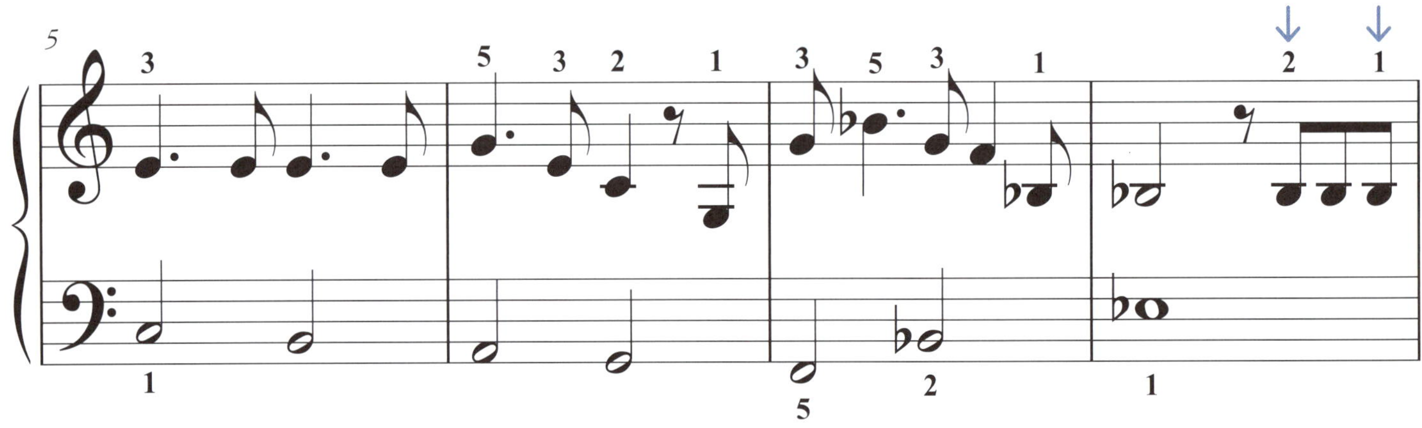

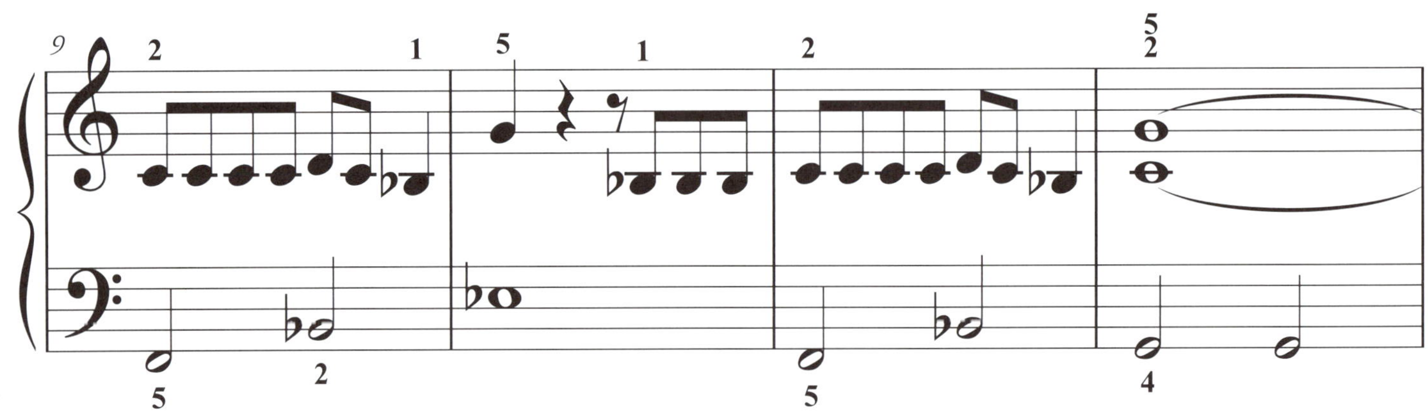

poco rit.

언제나 몇 번이라도

poco rit.

그 날의 강

poco rit.

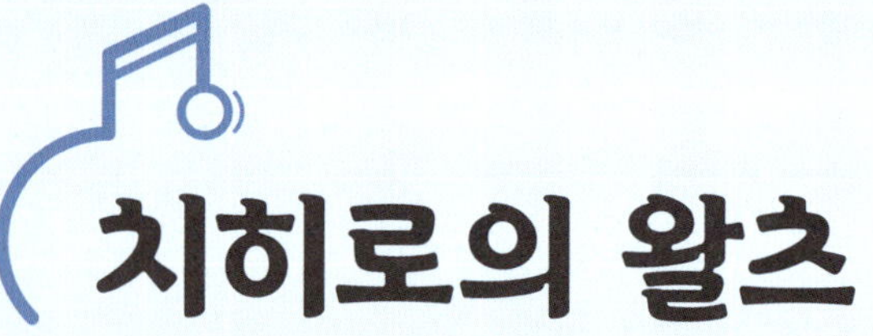

치히로의 왈츠

<센과 치히로의 행방불명> OST  히사이시 조 작곡

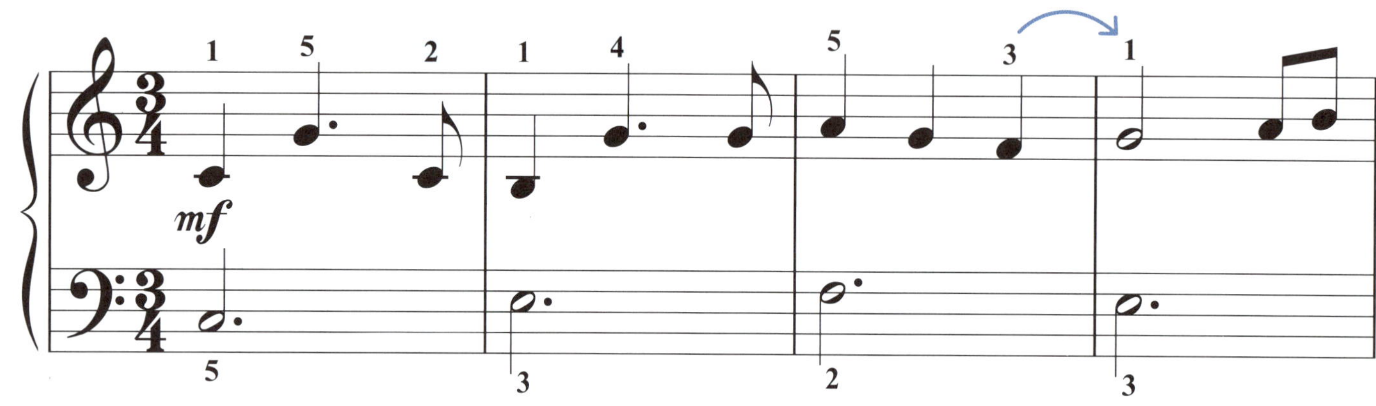

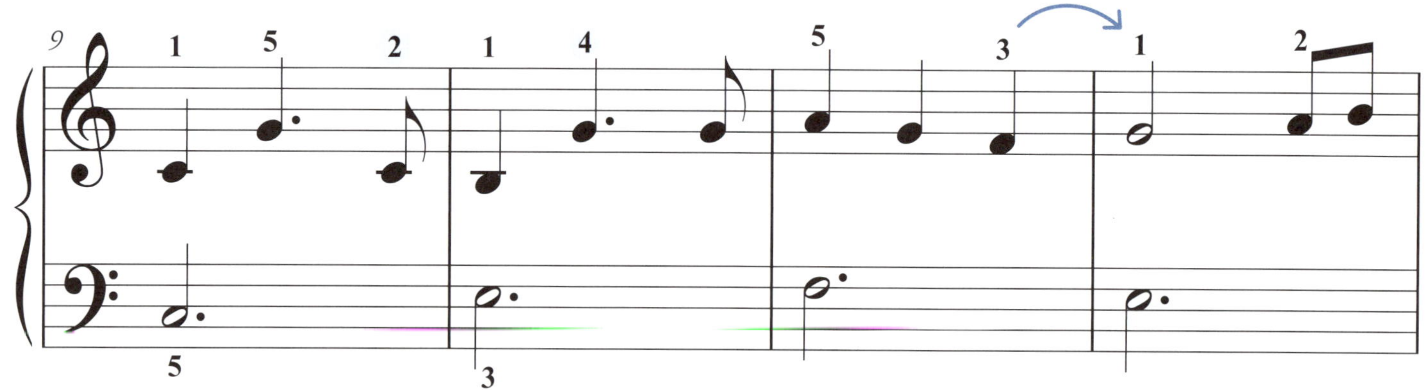

cresc.
poco rit.
1.
2.

테루의 노래

<게드 전기> OST 미야자키 고로 작곡

♩ = 70 조금 느리게

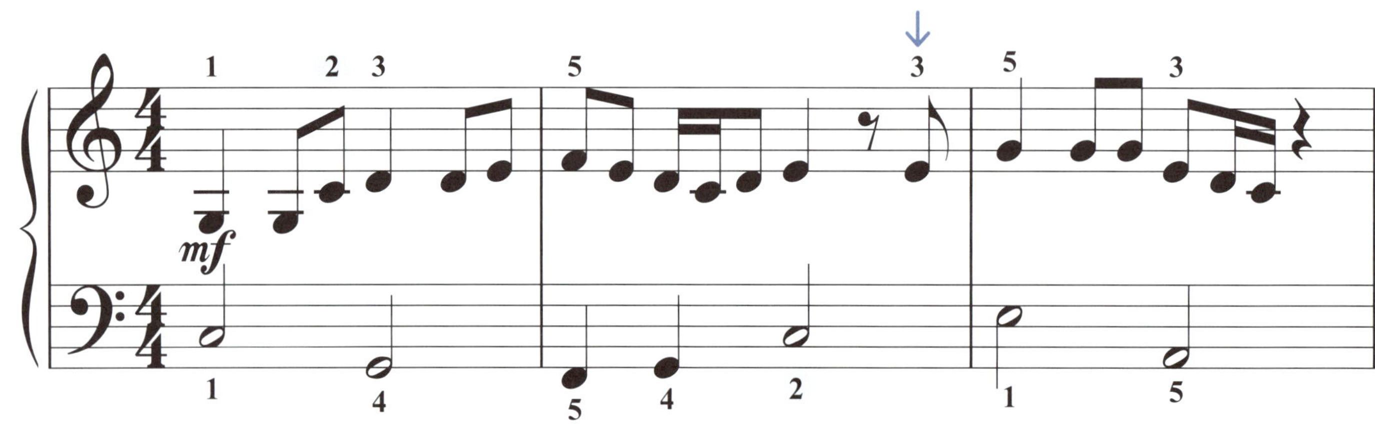

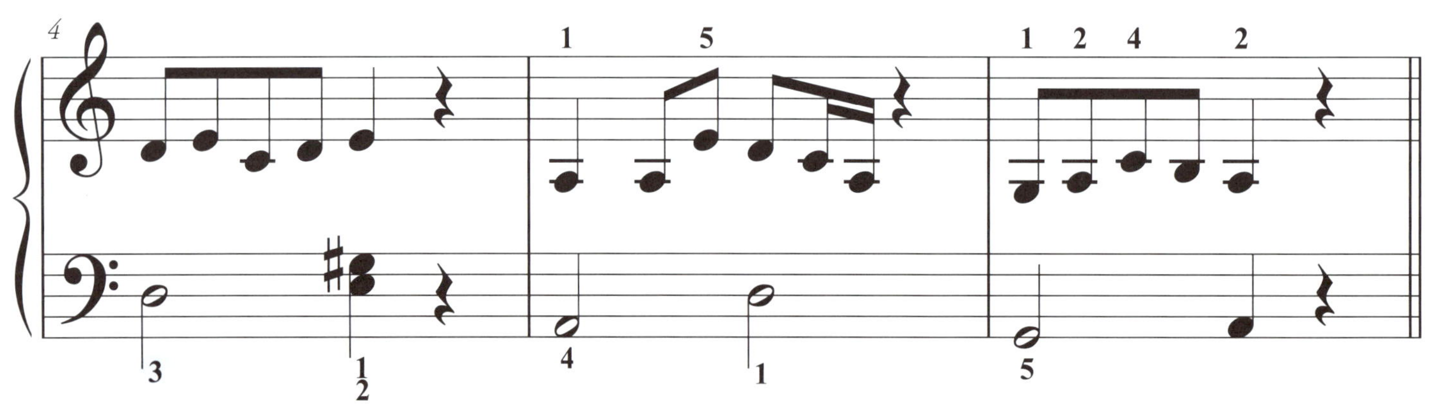

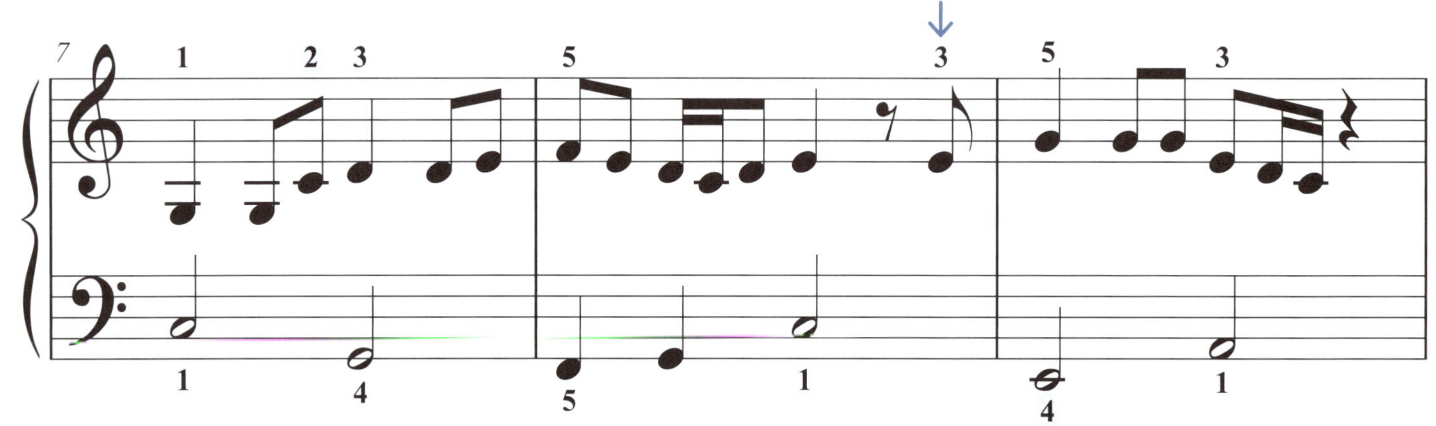

poco rit.

세계의 약속

<하울의 움직이는 성> OST ✤ 키무라 유미 작곡

♩= 104 보통 빠르기로

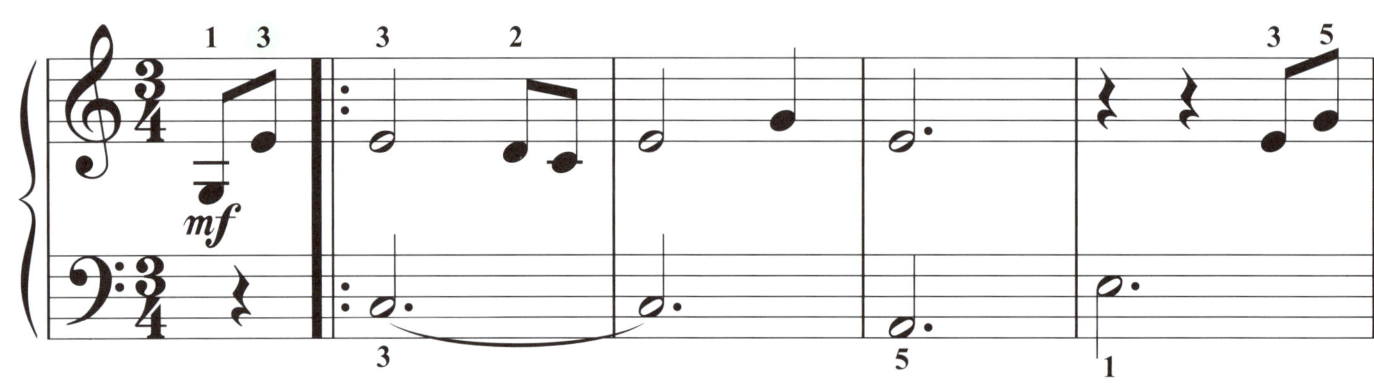

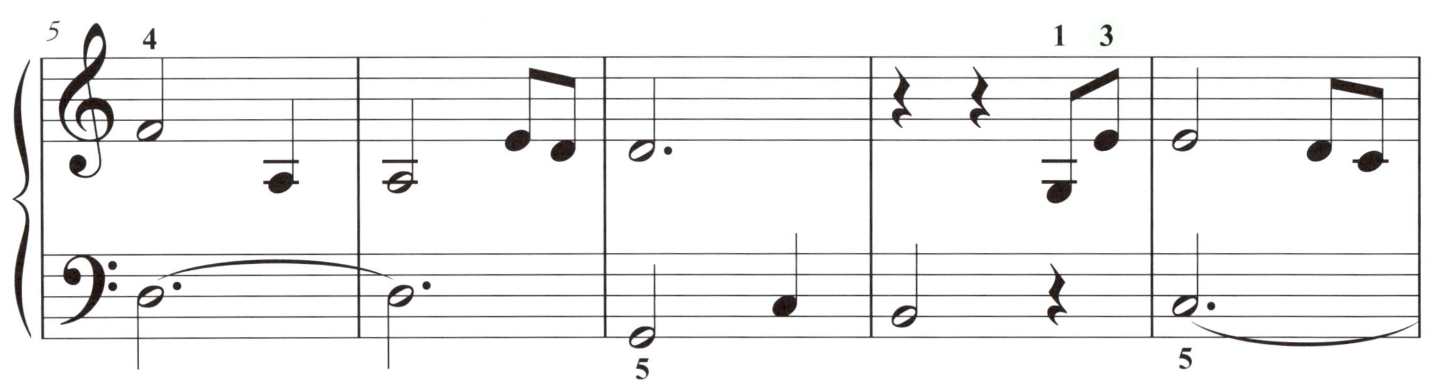

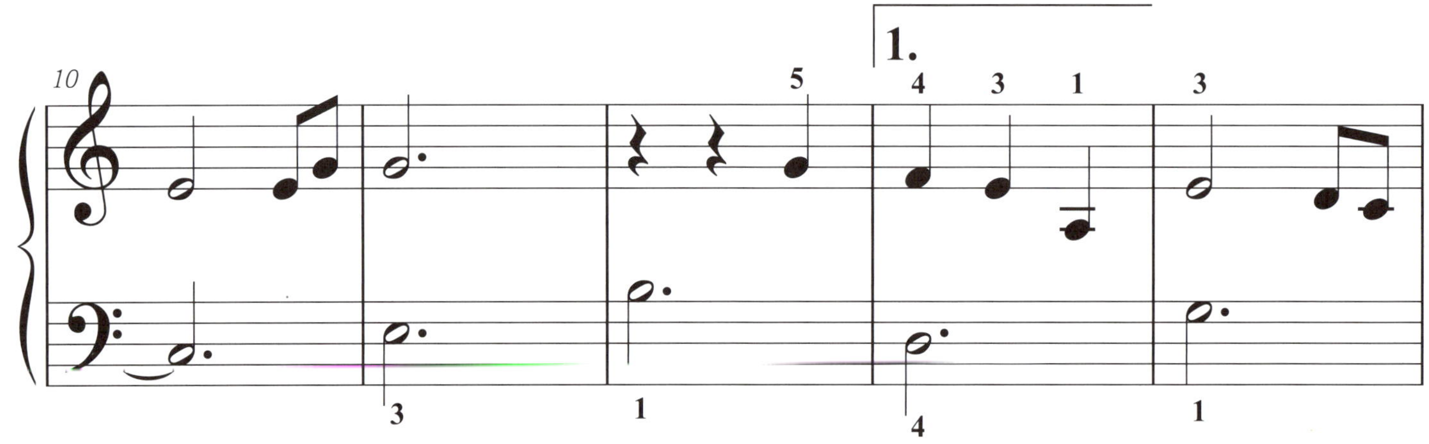

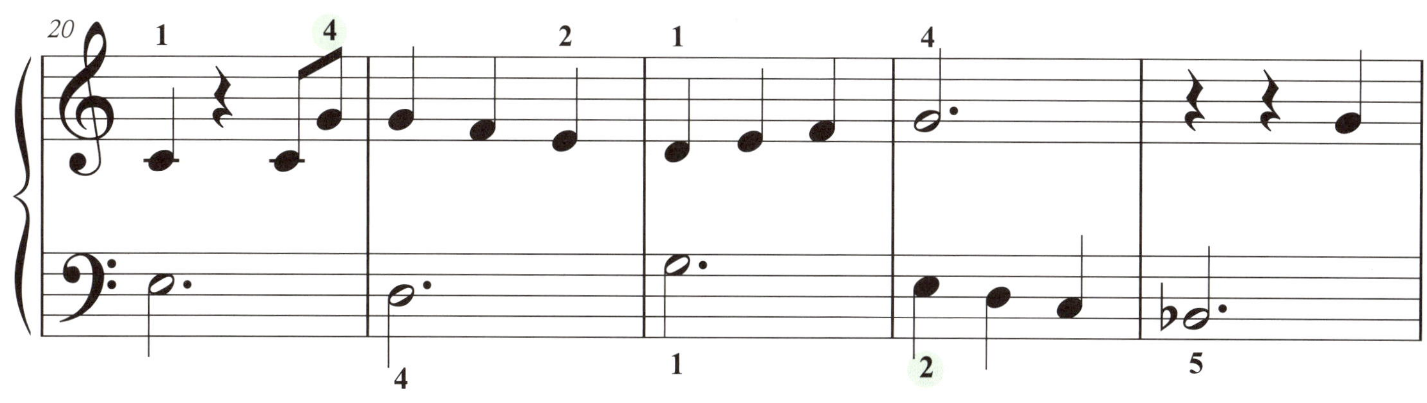

cresc.
2.

인생의 회전목마 <하울의 움직이는 성> OST

히사이시 조 작곡

♩ = 104 보통 빠르기로

바람이 되어

<고양이의 보은> OST

아야노 츠지 작곡

f
poco rit.
1.
2.

벼랑 위의 포뇨

<벼랑 위의 포뇨> OST
히사이시 조 작곡

Arrietty's Song

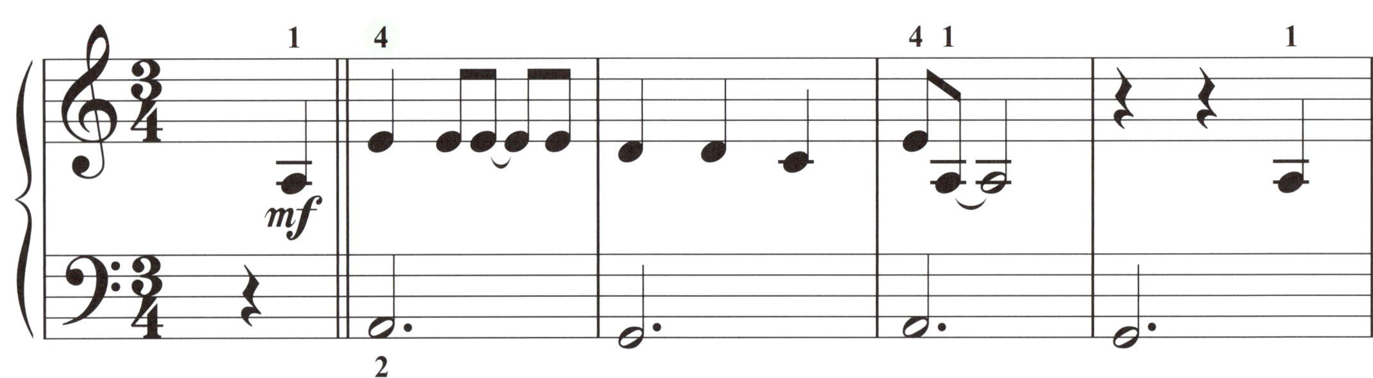

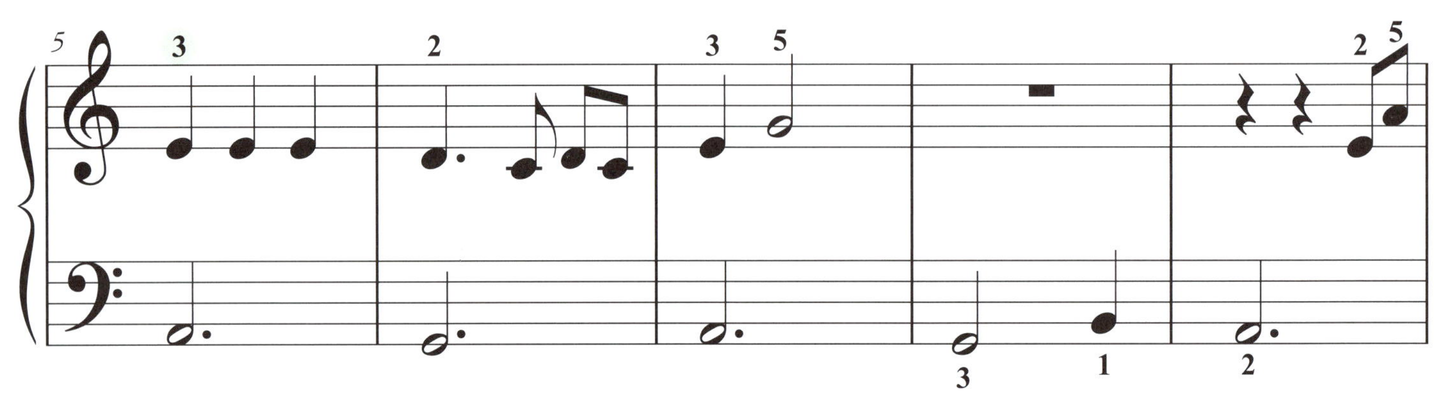

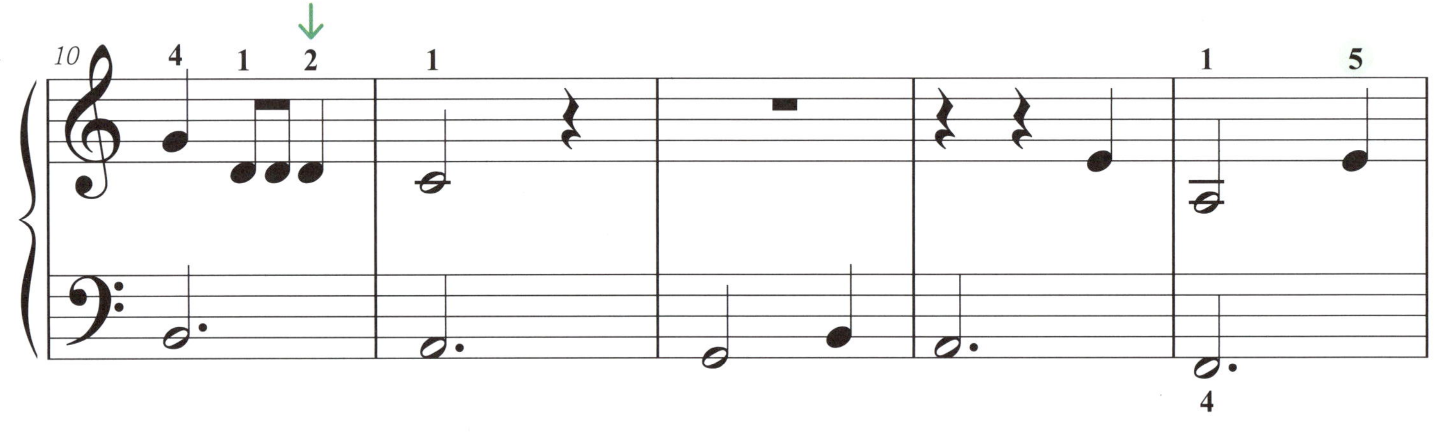

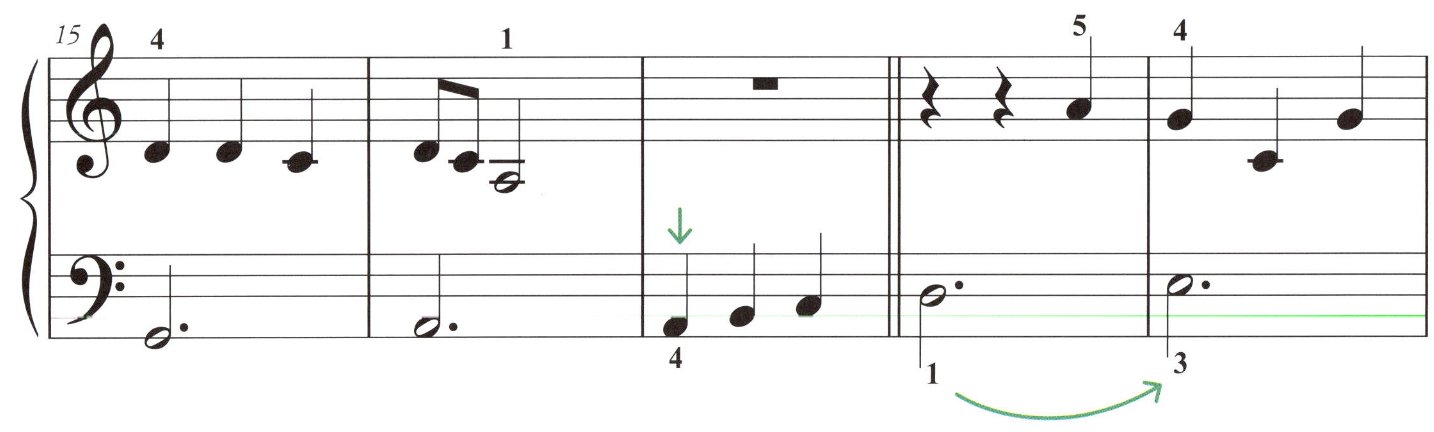

20
cresc.
24
f
28
1.
2.
rit.

안나

poco rit.
mp
f

Fine On The Outside

<추억의 마니> OST ❁ Priscilla Ahn 작곡

♩ = **100** 보통 빠르기로

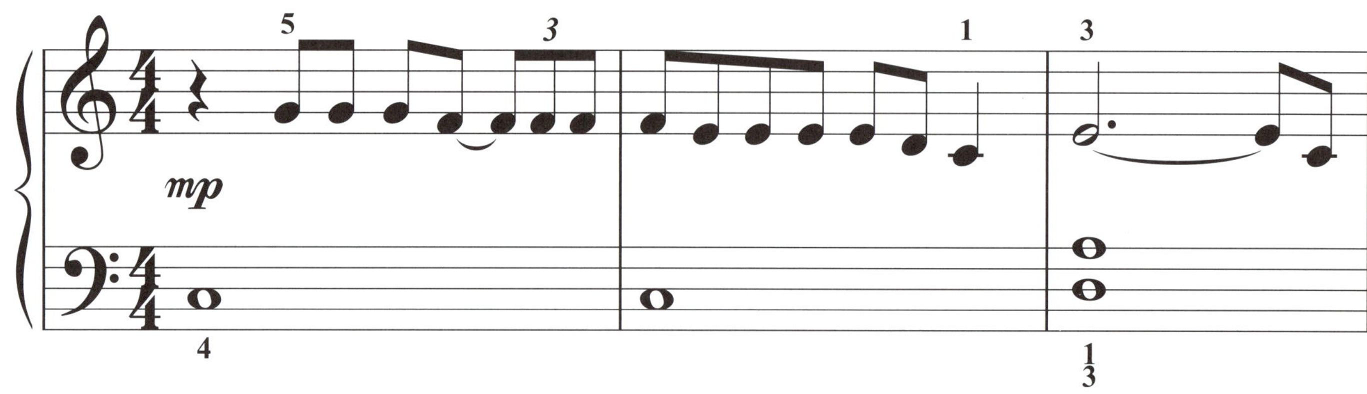

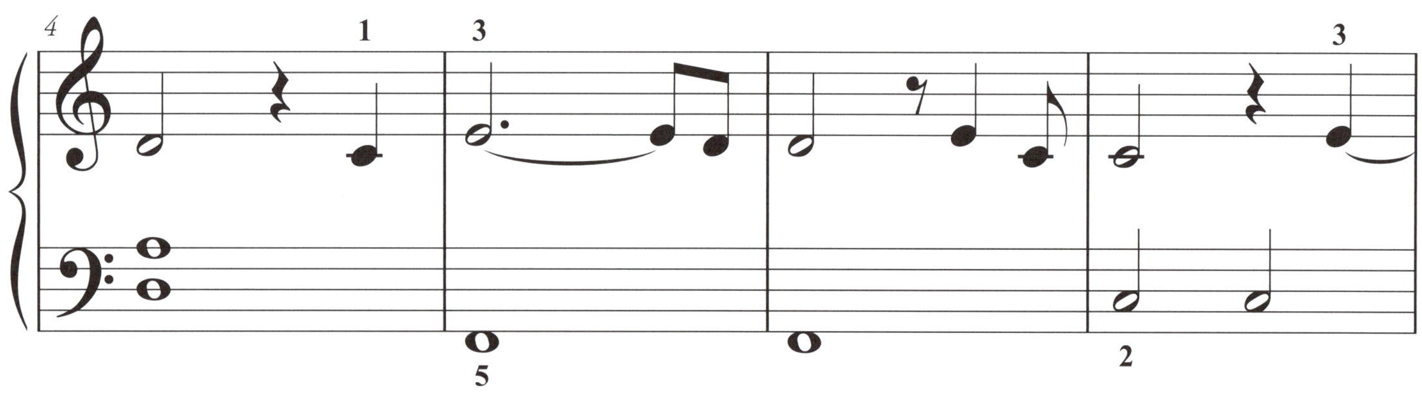

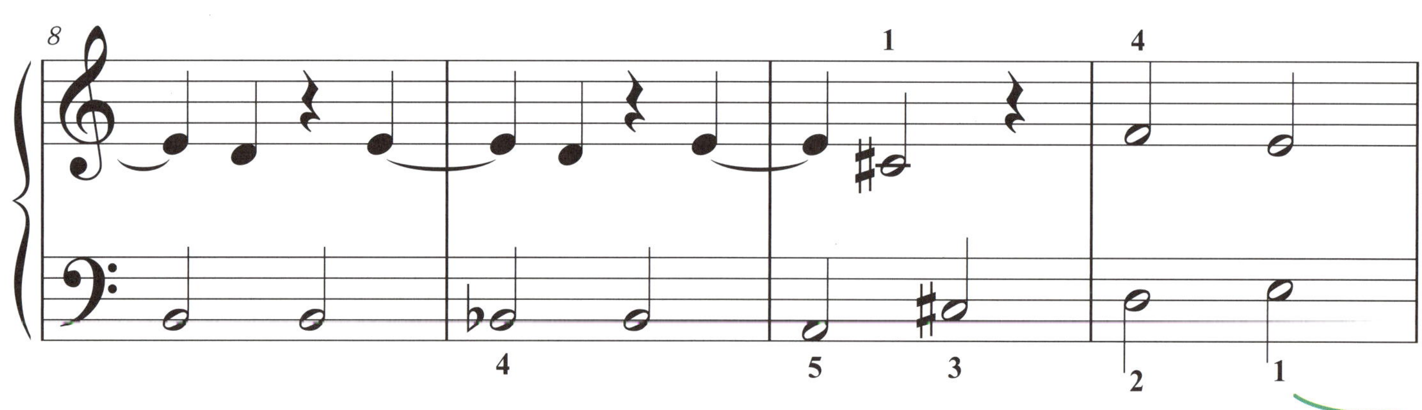

Summer
<기쿠지로의 여름> OST
히사이시 조 작곡

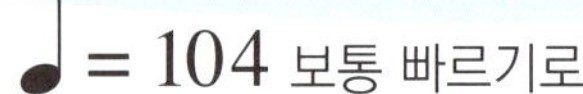

♩ = 104 보통 빠르기로

mp

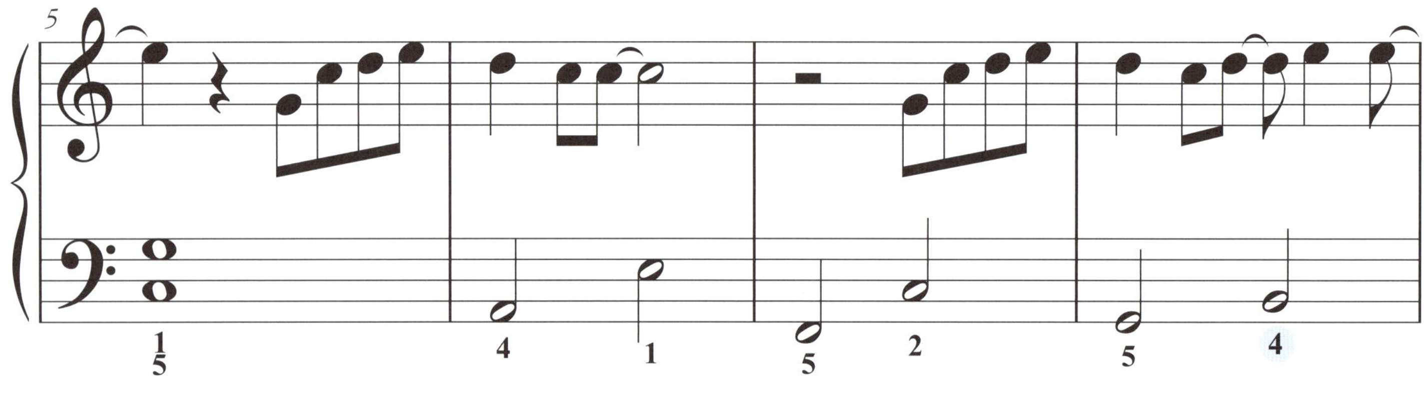

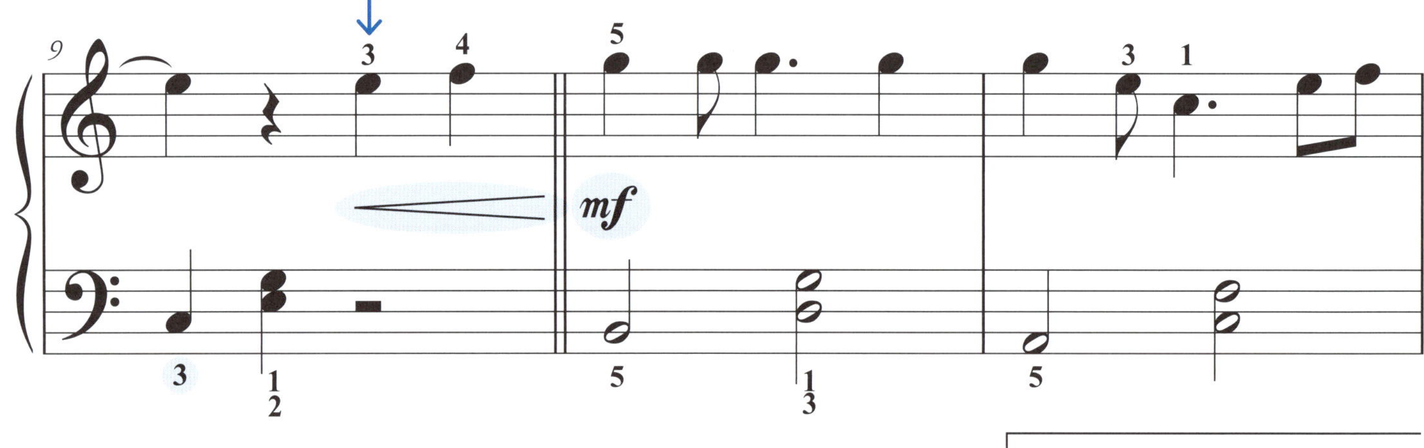

mf

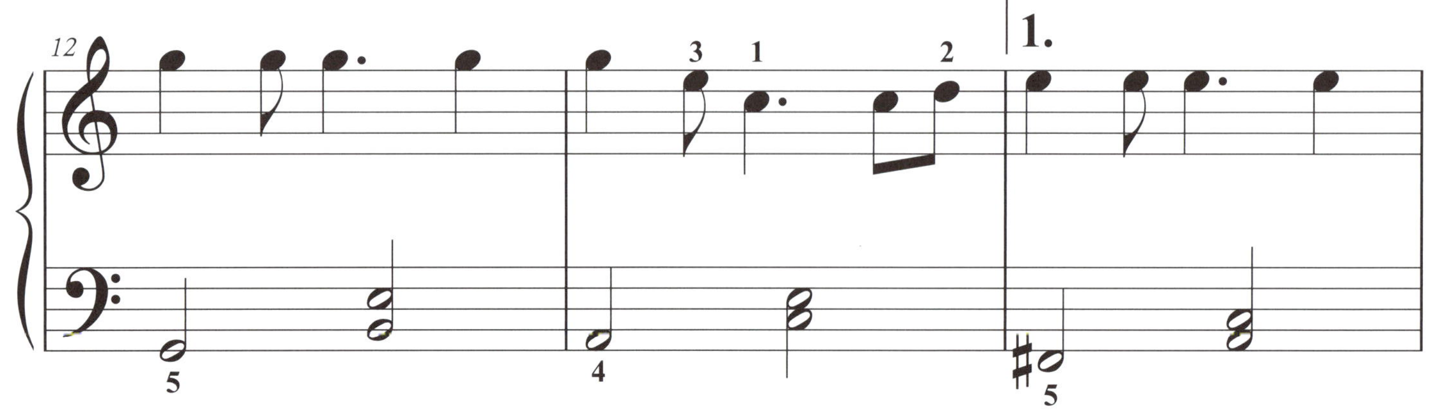

1.

2.
mp

2024년 5월 5일

펴낸곳　서울음악출판사
펴낸이　하성훈

주소　서울시 서초구 반포대로 22길 85 에덴빌딩 3층
등록번호　제2001-000299 · 등록일자 2001년 4월 26일
인터넷 홈페이지　www.seoul-music.co.kr

값 7,000원
ISBN 979-11-6750-022-9

©2024, 서울음악출판사